郡制府県制 完
【明治32年初版】

魚住嘉三郎 編輯

地方自治法研究
復刊大系〔第二三二巻〕

郡制府県制 完

〔明治三十二年初版〕

日本立法資料全集 別巻 1042

信山社

明治三十二年七月ヨリ實施

郡制府縣制

完

東京

魚住書店發行

目次

法律第六十五號

郡制

朕帝國議會ノ協賛ヲ經タル府縣制改正法律ヲ裁可シ茲ニ之ヲ公布セシム

御名　御璽

明治三十二年三月十五日

内閣總理大臣　侯爵山縣有朋

内務大臣　侯爵西鄉從道

府縣制

第一章 総則

第一條 府縣ハ從來ノ區域ニ依リ郡市及島嶼ヲ包括ス

第二條 府縣ハ法人トシ官ノ監督ヲ承ケ法律命令ノ範圍內ニ於テ其ノ公共事務並從來法律命令又ハ慣例《カンレイ》ニ依リ及將來法律勅令ニ依リ府縣ニ屬スル事務ヲ處理ス

第三條 府縣ノ廢置《ハイチ》分合又ハ境界變更ヲ要スルトキハ法律ヲ以テ之ヲ定ム府縣ノ境界ニ渉リテ郡市町村境界ノ變更アリタルトキハ府縣ノ境界モ亦自ラ變更ス所屬未定地ヲ市町村ノ區域ニ編入シタルトキ亦同シ

本條ノ處分ニ付財產處分ヲ要スルトキハ內務大臣ハ關係アル府

縣郡市參事會及町村會ノ意見ヲ徴シテ之ヲ定ム但シ特ニ法律ノ規定アルモノハ此ノ限ニ在ラス

第二章　府縣會

第一款　組織及選擧

第四條　府縣會議員ハ各選擧區ニ於テ之ヲ選擧ス

選擧區《センキヨク》ハ郡市ノ區域ニ依ル但シ東京市京都市大阪市其ノ他勅令ヲ以テ指定シタル市ニ於テハ區ノ區域ニ依ル

第五條　府縣會議員ハ府縣ノ人口七十萬未滿ハ議員三十人ヲ以テ定員トシ七十萬以上百萬未滿ハ五萬ヲ加フル每《ゴト》ニ一人ヲ增シ百萬以上ハ七萬ヲ加フル每ニ一人ヲ增ス

各選擧區ニ於テ選擧スヘキ府縣會議員ノ數ハ府縣會ノ議決ヲ經內務大臣ノ許可ヲ得テ府縣知事之ヲ定ム

前項議員ノ配當方法ニ關スル必要ナル事項ハ內務大臣之ヲ定ム

第六條　府縣內ノ市町村公民ニシテ市町村會議員ノ選擧權ヲ有シ且其ノ府縣內ニ於テ一年以來直接國稅年額三圓以上納ムル者ハ府縣會議員ノ選擧權ヲ有ス

府縣內ノ市町村公民ニシテ市町村會議員ノ選擧權ヲ有シ且其ノ府縣內ニ於テ一年以來直接國稅年額十圓以上ヲ納ムル者ハ府縣會議員ノ被選擧權ヲ有ス

家督相續ニ依リ財產ヲ取得シタル者ハ其財產ニ付被相續人ノ爲シタル納稅ヲ以テ其ノ者ノ納稅シタルモノト看做ス《ミナス》

府縣會議員ハ住所ヲ移シタル爲市町村ノ公民權ヲ失フコトアルモ其ノ住所同府縣內ニ在ルトキハ之カ爲其ノ職《シヨク》ヲ失フコトナシ

府《フ》縣《ケン》會《カイ》議員ノ選擧權及被選擧權ノ要件中其ノ年限ニ關スルモノ

ハ府縣郡市町村ノ廢置《ハイチ》分合若ハ境界變更ノ爲中斷セラルヽコトナシ左ニ掲クル者ハ府縣會議員ノ被選擧權ヲ有セス其ノ之ヲ罷メタル後一箇月ヲ經過セサル者亦同シ

一　其ノ府縣ノ官吏及有給吏員

二　檢事《ケンジ》警察官吏及收稅官吏

三　神官僧侶其ノ他諸宗敎師

四　小學校敎員

前項《ゼンコウ》ノ外ノ官吏ニシテ當選シ之ニ應セントスルトキハ所屬長官ノ許可ヲ受クヘシ

選擧事務ニ關係アル官吏吏員ハ其ノ關係區域內ニ於テ被選擧權ヲ有セス其ノ之ヲ罷メタル後一箇月ヲ經過《ケイクワ》セサル者亦同シ

府縣ノ爲請負ヲ爲ス者又ハ府縣ノ爲請負ヲ爲ス法人ノ役員ハ其

ノ府縣ノ府縣會議員ノ被選擧權ヲ有セス
府縣會議員ハ衆議院議員ト相兼《アイカ》ヌルコトヲ得ス

第七條　府縣會議員ハ名譽職トス

府縣會議員ノ任期ハ四年トス
議員ノ定數《テイスウ》ニ異動ヲ生シタル爲又ハ議員ノ配當ヲ更正シタル爲解任ヲ要スル者ハ抽籤ヲ以テ之ヲ定ム

第八條　府縣會議員中闕員アルトキ及府縣會議員ノ定數ニ異動ヲ生《シヤウ》シタル爲又ハ議員ノ配當ヲ更正シタル爲議員ノ選擧ヲ要スルトキハ三箇月以内ニ之ヲ行フヘシ

補闕《ホケツ》議員ハ其ノ前任者ノ殘任期間在任ス
補闕議員ヲ除ク外本條第一項ニ依リ選擧セラレタル議員ハ次ノ改選期《カイセンキ》マテ在任ス

第九條　町村長ハ毎年九月十五日ヲ期トシ其ノ日ノ現在ニ依リ其ノ町村内ノ選擧人名簿二本ヲ調製シ其ノ一本ヲ十月一日マテニ郡長ニ送付スヘシ

郡長《グンチヤウ》ハ町村長ヨリ送付シタル名簿ヲ合シ毎年十月十五日マテニ其ノ選擧區ノ選擧人名簿ヲ調製スヘシ

第十條　市長《シチヤウ》ハ毎年九月十五日ヲ期トシ其ノ日ノ現在ニ依リ十月十五日マテニ其ノ選擧區ノ選擧人名簿ヲ調製スヘシ

第十一條　選擧人其ノ住所ヲ有スル市町村外ニ於テ直接國税ヲ納ムルトキハ九月十五日マテニ當該行政廳《タウガイギヤウセイテウ》ノ證明ヲ得テ其ノ住所地ノ市町村長ニ屆出ツヘシ其ノ期限内ニ屆出ヲ爲ササルトキハ其ノ納税《ノウゼイ》ハ選擧人名簿ニ記載セラルヘキ要件ニ算入セス

第十二條　郡市長ハ十月二十日ヨリ十五日間其ノ郡市役所ニ於テ

選擧人名簿ヲ關係者ノ縱覽ニ供スヘシ若關係者ニ於テ異議アルトキ又ハ正當《セイタウ》ノ事故ニ依リ前條ノ手續ヲ爲スコト能ハスシテ名簿ニ登錄セラレサルトキハ縱覽期限內ニ之ヲ郡市長ニ申立ルコトヲ得此《コ》ノ場合《バアヒ》ニ於テハ郡市長ハ其ノ申立ヲ受ケタル日ヨリ十日以內ニ之ヲ決定スヘシ

前項郡市長《センカウグンシチヤウ》ノ決定ニ不服アル者ハ府縣參事會ニ訴願シ其ノ裁決ニ不服アル者ハ行政裁判所ニ出訴スルコトヲ得

前項ノ裁決《サイケツ》ニ關《クワン》シテハ府縣知事郡市長ヨリモ亦訴訟ヲ提起スルコトヲ得

選擧人名簿ハ十二月十五日ヲ以テ確定期限《カクテイキゲン》トシ確定名簿ハ次年ノ十二月十四日マテ之ヲ据置《スエオク》クヘシ

府縣參事會ノ裁決確定シ又ハ訴訟ノ判決ニ依リ名簿ノ修正ヲ要

スルトキハ郡市長ニ於テ直ニ之ヲ修正スヘシ

本條ニ依《ヨ》リ郡市長ニ於テ名簿ヲ修正《シフセイ》シタルトキハ其ノ要領ヲ告示シ郡長ハ本人住所地ノ町村長ニ通知シ町村長ハ之ヲ告示スヘシ

確定《カクテイ》名簿ニ登録《トウロク》セラレサル者ハ選擧ニ參與スルコトヲ得ス但シ選擧人名簿ニ記載セラルヘキ確定裁決書若ハ判決書ヲ所持シ選擧ノ當日投票所《トフヘウシヨ》ニ到ル者ハ此ノ限ニ在ラス

確定名簿ニ登録セラレタル者選擧權ヲ有セサルトキハ選擧ニ參與スルコトヲ得ス但シ名簿ハ之ヲ修正スル限ニ在ラス

異議《イギ》ノ決定若ハ訴願《ソグワン》ノ裁決確定シ又ハ訴訟ノ判決アリタルニ依リ名簿無效トナリタルトキハ九月十五日ノ現在ニ依リ更ニ名簿ヲ調製《テウセイ》スヘシ但シ名簿調製ノ期日マテニ選擧權ヲ失ヒタル者ハ

名簿ニ登錄スル限ニ在ラス
前項名簿調製ノ期日縱覽《ジウラン》修正及確定ニ關スル期限等ハ府縣知事ノ定ムル所ニ依ル

第十三條　府縣會議員ノ選擧ハ府縣知事ノ告示《コクシ》ニ依リ之ヲ行フ其ノ告示ニハ選擧ヲ行フヘキ選擧區投票ヲ行フヘキ日時及選擧スヘキ議員ノ員數ヲ記載《キサイ》シ選擧ノ日ヨリ少クトモ二十日前ニ之ヲ發スヘシ

第十四條　府縣會議員ノ選擧ハ郡市長之ヲ管理《クワンリ》ス

第十五條　投票所ハ市役所町村役場又ハ市町村長ノ指定シタル場所ニ於テ之ヲ設《マウ》ケ市町村長其ノ事務《ジム》ヲ管理ス
前項投票所ハ市町村長ニ於テ選擧ノ日ヨリ少クトモ五日前ニ之ヲ告示スヘシ

特別《トクベツ》ノ事情《ジジヤウ》アル地ニ於テハ命令ヲ以テ二箇以上ノ投票所ヲ設ケ
其ノ投票ニ關シ特別ノ規定ヲ設クルコトヲ得
第十六條　市町村長ハ臨時《リンジ》ニ其ノ管理《クワンリ》スル投票區域內ニ於ケル選
擧人中ヨリ投票立會人二名乃至四名ヲ選任スヘシ
投票立會人ハ名譽職《メイヨシヨク》トス
十七條　選擧人ノ外投票所ニ入ルコトヲ得ス但シ投票所ノ事務
ニ從事スル者投票所ヲ監視スル職權ヲ有スル者ハ此ノ限ニ在ラ
ス
選擧人ハ投票所ニ於テ協議《ケフギ》又ハ勸誘《クワンイフ》ヲ爲スコトヲ得ス
十八條　選擧ハ投票ニ依リ之ヲ行フ
投票ハ一人一票ニ限ル
選擧《センキヨ》人ハ選擧ノ當日自ラ投票所ニ到リ選擧人名簿ノ對照《タイシヨウ》ヲ經投

票簿ニ捺印シ投票スヘシ

選擧人ハ投票所ニ於テ投票用紙ニ自ラ被選擧人一名ノ氏名ヲ記載シテ投《トウ》函《キ》スヘシ

投票用紙ニハ選擧人ノ氏名ヲ記載スルコトヲ得ス

自ラ被《ヒ》選《セ》擧《キヨ》人ノ氏名ヲ書スルコト能ハサル者ハ投票ヲ爲スコトヲ得ス

投票用紙ハ府縣知事《チジ》ノ定《サダ》ムル所ニ依リ一定ノ式ヲ用ウヘシ

第十九條　投票ノ拒否ハ投票立會人之ヲ議決ス可否同數ナルトキハ市町村長之ヲ決スヘシ

第二十條　市町村長ハ投票《タウヘウ》錄《ロク》ヲ製シ投票ニ關スル顚末《テンマツ》ヲ記載シ投票立會人ト共ニ之ニ署名スヘシ

第二十一條　投票ヲ終リタルトキハ町村長ハ其ノ指定シタル投票

立會人ト共ニ直《タヾチ》ニ投票函及投票錄ヲ選擧會場ニ送致スヘシ

第二十二條　島嶼其ノ他交通不便ノ地ニ對シテハ府縣知事ハ適宜ニ其ノ投票期日ヲ定メ選擧會ノ期日マテニ其ノ投票函ヲ送致セシムルコトヲ得

第二十三條　選擧會ハ郡《グン》役所《ヤクショ》市役所又ハ郡市長ノ指定《シテイ》シタル場所ニ於テ之ヲ開クヘシ

前項選擧會ノ場所ハ郡市長豫《アラカジ》メ之ヲ告示スヘ

第二十四條　郡長ハ各投票所ヨリ參會シタル投票立會人ノ中ヨリ抽籤《チウセン》ヲ以テ選擧立會人二名乃至六名ヲ定ムヘシ

市長ハ選擧人中ヨリ選擧立會人二名乃至六名ヲ選任スヘシ

選擧立會人ハ名譽職トス

第二十五條　郡市長ハ選擧長ト爲リ郡ニ於テハ投票函ノ總テ到達《タウタツ》

シタル翌日市ニ於テハ投票ノ翌日選擧立會人立會ノ上投票函ヲ開キ投票ノ總數《サウスウ》ト投票人ノ總數トヲ計算スヘシ若投票ト投票人トノ總數ニ差異ヲ生シタルトキハ其ノ由ヲ選擧錄ニ記載スヘシ

但シ場合ニ依リ選擧會ハ郡ニ於テハ投票函到達ノ日市ニ於テハ投票ノ日之ヲ開クコトヲ得

前項ノ計《ケイ》算《サン》終《ヲハ》リタルトキハ選擧長ハ選擧立會人ト共ニ投票ヲ點撿スヘシ

第二十六條　選擧人ハ其ノ選擧會ニ參觀《サンクワン》ヲ求ムルコトヲ得

第二十七條　左ノ投票ハ之ヲ無效トス

一　成規ノ用紙ヲ用ヰサルモノ

二　一投票中二人以上ノ被選擧人ヲ記載《キサイ》シタルモノ

三　被選擧人ノ何人タルヲ確認シ難キモノ

四　被選擧權ナキ者ノ氏名ヲ記載シタルモノ

五　被選擧人ノ氏名ノ外他事ヲ記入シタルモノ但シ爵位職業身分住所又ハ敬稱《ケイシヤウ》ノ類ヲ記入シタルモノハ此ノ限ニ在ラス

第二十八條　投票ノ效力ハ選擧立會人之ヲ議決ス可否同數ナルトキハ選擧長之ヲ決スヘシ

第二十九條　府縣會議員ノ選擧ハ有效《イフカツ》投票ノ最多數《サイタスウ》ヲ得タル者ヲ以テ當選トス投票ノ數相同キトキハ年長者ヲ取リ同年月ナルトキハ選擧長抽籤シテ其ノ當選者ヲ定ム

同時ニ補闕員數名ヲ選擧スルトキハ投票ノ數多キ者、投票ノ數相同キトキハ年長者ヲ以テ殘任期ノ長キ前任者ノ補闕ト爲シ同年月ナルトキハ選擧長抽籤《チウセン》シテ之ヲ定ム

第三十條　選擧長ハ選擧錄ヲ製シテ選擧ノ顚末ヲ記載シ選擧ヲ終

リタル後之ヲ朗讀シ選擧立會人二名以上ト共ニ之ニ署名シ投票選擧人名簿其ノ他關係書類ト共ニ選擧ノ效力確定スルニ至ルマテ之ヲ保存スヘシ

第三十一條　選擧ヲ終リタルトキハ選擧長ハ直ニ當選者ニ當選ノ旨ヲ告知《コクチ》シ同時ニ選擧錄ノ寫ヲ添ヘ當選者ノ住所氏名ヲ府縣知事ニ報告スヘシ

當選者當選ノ告知ヲ受ケタルトキハ十日以內ニ其ノ當選ヲ承諾スルヤ否ヲ府縣知事ニ申立ツヘシ

一人ニシテ數選擧區ノ選擧ニ當《アタ》リタルトキハ最終ニ當選ノ告知ヲ受ケタル日ヨリ十日以內ニ何レノ選擧ニ應スヘキカヲ府縣知事ニ申立《モシタ》ツヘシ定期改選增員選擧補闕選擧ヲ同時ニ行ヒタル場合ニ於テ一人ニシテ其ノ數選擧ニ當リタルトキハ前項ノ例ニ依

ル

前三項ノ申立ヲ其ノ期限內ニ爲《ナ》サヽルトキハ當選ヲ辭シタルモノト看做ス

第六條第七項ノ官吏ニシテ當選シタル者ニ關シテハ本條ニ定ムル期間《キカン》ヲ二十日以內トス

第三十二條　府縣會議員ノ當選ヲ辭シタル者アルトキハ更ニ選擧ヲ行《オコナ》フヘシ

二人以上投票同數ニシテ年長ニ由《ヨッ》テ當選シタル者其ノ當選ヲ辭シタルトキハ年少ニ由テ當選セサリシ者ヲ以テ當選トス但シ年少ニ由テ當選セサリシ者二人以上アルトキハ年長者ヲ取リ同年月ナルトキハ選擧長抽籤シテ其ノ當選者ヲ定ム

二人以上投票同數ニシテ抽籤ニ依テ當選シタル者《モノ》其ノ當選ヲ辭

シタルトキハ抽籤ノ爲當選セサリシ者ヲ以テ當選トス但シ抽籤ノ爲當選セサリシ者二人以上アルトキハ選擧長抽籤シテ其ノ當選《セン》者ヲ定ム

第三十三條　當選者其ノ當選ヲ承諾シタルトキハ府縣知事ハ直ニ當選證書ヲ付與シ及其ノ住所氏名ヲ告示スヘシ

第三十四條　選擧人選擧若ハ當選ノ效力ニ關シ異議アルトキハ選擧ノ日ヨリ十四日以內ニ之ヲ府縣知事ニ申立ツルコトヲ得

前項ノ異議ハ之ヲ府縣參事會ノ決定ニ付スヘシ

府縣知事ニ於テ選擧若ハ當選ノ效力ニ關《カン》シ異議アルトキハ第一項申立ノ有無ニ拘ラス第三十一條第一項ノ報告ヲ受ケタル日ヨリ三十日以內ニ府縣參事《サンシ》會ノ決定ニ付スルコトヲ得

本條府縣參事會ノ決定ニ不服アル者ハ行政裁判所ニ出訴スルコトヲ得

前項ノ決定ニ關シテハ府縣知事郡市長ヨリモ亦訴訟ヲ提起《テイキ》スルコトヲ得

第三十五條　選擧ノ規定ニ違背《イハイ》スルコトアルトキハ其ノ選擧ヲ無效トス但シ選擧ノ結果ニ異動ヲ生スルノ虞ナキモノハ此ノ限ニ在ラス

當選者ニシテ被選擧權ヲ有セサルトキハ其《ソノ》ノ當選ヲ無效トス

第三十六條　選擧若ハ當票無效ト確定シタルトキハ更ニ選擧ヲ行フヘシ但《タダ》シ得票數ノ查定ニ錯誤アリタル爲又ハ選擧ノ際被選擧權ヲ有セサル爲當選無效ト確定シタルトキハ第二十九條及第三十一條ノ例ニ依ル

第三十七條府縣會議員ニシテ被選擧權ヲ有セサル者《モノ》ハ其ノ職ヲ失フ其ノ被選擧權ニ關スル異議ハ府縣參事會之ヲ決定ス

府《フ》縣《ケン》會ニ於《チイ》テ其ノ議員中被選擧權ヲ有セサル者アリト認ムルトキハ之ヲ府縣知事ニ通知スヘシ但シ議員ハ自己ノ資格ニ關スル會議《ギ》ニ於テ辯明《ベンメイ》スルコトヲ得ルモ其ノ議決ニ加ハルコトヲ得ス

府縣知事ハ前項ノ通知ヲ受ケタルトキハ之ヲ府縣參事會ノ決定ニ付スヘシ府縣知事ニ於テ被選擧權ヲ有セサル者アリト認ムルトキハ亦同シ

本條府縣參事會ノ決定ニ不服アル者ハ行政裁判所ニ出訴スルコトヲ得

前項ノ決定ニ關シテハ府縣知事ヨリモ亦訴訟ヲ提起スルコトヲ得

府縣會議員ハ其《ソノ》ノ被《ヒ》選擧《センキヤウ》權ヲ有セストスル決定確定シ又ハ判決アルマテハ會議ニ列席シ及發言スルノ權ヲ失ハス

第三十八條　本款ニ規定スル異議決定及訴願ノ裁決ハ其ノ決定書若ハ裁決《サイケツ》書ヲ交付シタルトキ直ニ之ヲ告示スヘシ

第三十九條　第四第二項但書ノ市ニ於テハ市長トアルハ區長又市トアルハ區市役所トアルハ區役所ト看做シ本款ノ規定ヲ準用ス

町村組合ニシテ町村ノ事務ノ全部ヲ共同處理スルモノハ之ヲ一町村ト看做シ本款ノ規定ヲ準用ス

第四十條　府縣會議員ノ選擧ニ付テハ衆議院議員選擧ニ關スル罰則ヲ準用ス

第二款　職務權限及處務規程

第四十一條　府縣會ノ議決スヘキ事件左ノ如シ

一　歳入出豫算ヲ定ムル事

二　决算報告ニ關スル事

三　法律命令ニ定ムルモノヲ除ク外使用料手數料府縣稅及夫役現品ノ賦課徵收ニ關スル事

四　不動產ノ處分竝買受讓受ニ關スル事

五　積立金穀等ノ設置及處分ニ關スル事

六　歳入出豫算ヲ以テ定ムルモノヲ除ク外新ニ義務ノ負擔ヲ爲シ及權利ノ拋棄ヲ爲ス事

七　財產及營造物ノ管理法ヲ定ムル事但シ法律命令中別段ノ規定アルモノハ此ノ限ニ在ラス

八　其ノ他法律命令ニ依リ府縣會ノ權限ニ屬スル事項

第四十二條　府縣會ハ其ノ權限ニ屬スル事項ヲ府縣參事會ニ委任

スルコトヲ得

第四十三條　府縣會ハ法律命令ニ依リ選擧ヲ行フヘシ

第四十四條　府縣會ハ府縣ノ公益ニ關スル事件ニ付意見書ヲ府縣知事若ハ內務大臣ニ呈出スルコトヲ得

第四十五條　府縣會ハ官廳ノ諮問アルトキハ意見ヲ答申スヘシ

府縣會ノ意見ヲ徵シテ處分ヲ爲スヘキ場合ニ於テ府縣會招集ニ應セス若ハ成立セス又ハ意見ヲ呈出セサルトキハ當該官廳ハ其ノ意見ヲ俟タスシテ直ニ處分ヲ爲スコトヲ得

第四十六條　府縣會議員ハ選擧人ノ指示若ハ委囑ヲ受クヘカラス

第四十七條　府縣會ハ議員中ヨリ議長副議長各一名ヲ選擧スヘシ

議長副議長ハ議員ノ定期改選毎ニ之ヲ改選スヘシ

第四十八條　議長故障アルトキハ副議長之ニ代リ議長副議長共ニ

故障アルトキハ臨時ニ議員中ヨリ假議長ヲ選擧スヘシ

第四十九條　府縣知事及其ノ委任《イニン》若ハ囑託《ゾクタク》ヲ受ケタル官吏吏員ハ會議ニ列席シテ議事ニ參與スルコトヲ得但シ議決ニ加ハルコトヲ得ス

前項ノ列席者ニ於テ發言《ハツゴン》ヲ求《モト》ムルトキハ議長ハ直ニ之レヲ許スヘシ但シ之カ爲議員ノ演説ヲ中止セシムルコトヲ得ス

第五十條　府縣會ハ通常會及臨時會トス

通常會ハ毎年一回之ヲ開《ヒラ》ク其ノ會《カイ》期ハ三十日以内トス

臨時會ハ必要アル場合ニ於テ其ノ事件ニ限リ之ヲ開ク其ノ會期ハ七日以内トス臨時會ニ付スヘキ事件ハ豫メ之ヲ告示スヘシ但シ其ノ開會中急施ヲ要スル事件アルトキハ府縣知事ハ直ニ之ヲ其ノ會議ニ付スルコトヲ得

第五十一條府《フ》縣《ケン》會《クハイ》ハ府縣知事之ヲ招集ス
招集ハ開會ノ日ヨリ少クトモ十四日前ニ告示スヘシ但シ急施ヲ要スル場合ハ此ノ限ニ在ラス
府縣會ハ府縣知事之ヲ開閉ス

第五十二條　府縣會ハ議員定員ノ半數以上出席スルニ非サレハ會議ヲ開クコトヲ得ス

第五十三條　府縣會ノ議事ハ過半數ヲ以テ決ス可否同數ナルトキハ議長ノ決スル所ニ依ル

第五十四條　議長及議員ハ自己若ハ父母祖父母妻子孫兄弟姉妹ノ一身上ニ關スル事件ニ付テハ府縣會ノ同意ヲ得ルニ非サレハ其ノ議事ニ參與スルコトヲ得ス

第五十五條　法律命令ノ規定ニ依リ府縣會ニ於テ選擧ヲ行フトキ

ハ一名每ニ匿名投票ヲ爲シ有效投票ノ過半數ヲ得タル者ヲ以テ當選トス若過半數ヲ得タル者ナキトキハ最多數ヲ得タル者二名ヲ取リ之ニ就キ決選投票ヲ爲サシム其ノ二名ヲ取ルニ當リ同數者アルトキハ年長者ヲ取リ同年月ナルトキハ議長抽籤シテ之ヲ定ム此ノ決選投票ニ於テハ最多數ヲ得タル者ヲ以テ當選トス若同數ナルトキハ年長者ヲ取リ同年月ナルトキハ議長抽籤シテ之ヲ定ム其他ハ第十八條第二十七條及第二十八條ノ規定ヲ準用ス

前項ノ選擧ニ付テハ府縣會ハ其ノ議決ヲ以テ指名推選若ハ連名投票ノ法ヲ用ウルコトヲ得其ノ連名投票ノ法ヲ用ウル場合ニ於テハ前項ノ例ニ依ル

第五十六條　府縣會ノ會議ハ公開ス但シ左ノ場合ニハ此ノ限ニ在ラス

一　府縣知事ヨリ傍聽禁止ノ要求ヲ受ケタルトキ
二　議長若ハ議員三名以上ノ發議ニ依リ傍聽禁止ヲ可決シタルトキ
前項議長若ハ議員ノ發議ハ討論ヲ須ヒス其ノ可否ヲ決スヘシ
第五十七條　議長ハ會議ノ事ヲ總理シ會議ノ順序ヲ定メ其ノ日ノ會議ヲ開閉シ議場ノ秩序ヲ保持ス
第五十八條　府縣會議員ハ會議中無禮ノ語ヲ用ヰ又ハ他人ノ身上ニ渉リ言論スルコトヲ得ス
第五十九條　會議中此ノ法律若ハ會議規則ニ違ヒ其ノ他議場ノ秩序ヲ紊ル議員アルトキハ議長ハ之ヲ制止シ若ハ發言ヲ取消サシメ命ニ從ハサルトキハ議長ハ當日ノ會議ヲ終ルマテ發言ヲ禁止シ又ハ議場ノ外ニ退去セシメ必要ナル場合ニ於テハ警察官吏ノ

處分ヲ求ムルコトヲ得
議場騷擾ニシテ整理シ難キトキハ議長ハ當日ノ會議ヲ中止シ又ハ之ヲ閉ツルコトヲ得
第六十條　傍聽人公然可否ヲ表シ又ハ喧騷ニ渉リ其ノ他會議ノ妨害ヲ爲ストキハ議長ハ之ヲ制止シ命ニ從ハサルトキハ之ヲ退場セシメ必要ナル場合ニ於テハ警察官吏ノ處分ヲ求ムルコトヲ得
傍聽席騷擾ナルトキハ議長ハ總テノ傍聽人ヲ退場セシメ必要ナル場合ニ於テハ警察官吏ノ處分ヲ求ムルコトヲ得
第六十一條　議場ノ秩序ヲ紊リ又ハ會議ノ妨害ヲ爲スモノアルトキハ議員若ハ第四十九條ノ列席者ハ議長ノ注意ヲ喚起スルコトヲ得
第六十二條　府縣會ニ書記ヲ置キ議長ニ隷屬シテ庶務ヲ處理セシ

ム

書記ハ議長之ヲ任免ス

第六十三條　議長ハ書記ヲシテ會議錄ヲ製シ會議ノ顚末竝出席議員ノ氏名ヲ記載セシムヘシ會議錄ハ議長及議員二名以上之ニ署名スルヲ西ス其ノ議員ハ府縣會ニ於テ之ヲ定ムヘシ

議長ハ會議錄ヲ添ヘ會議ノ結果ヲ府縣知事ニ報告スヘシ

第六十四條　府縣會ハ會議規則及傍聽人取締規則ヲ設ケ内務大臣ノ許可ヲ受クヘシ

會議規則ニハ此ノ法律竝會議規則ニ違背シタル議員ニ對シ府縣會ノ議決ニ依リ五日以内出席ヲ停止スル規定ヲ設クルコトヲ得

第三章　府縣參事會

第一款　組織及選擧

第六十五條　府縣ニ府縣參事會ヲ置キ府縣知事府縣高等官二名及名譽職參事會員ヲ以テ之ヲ組織ス

府ノ名譽職參事會員ハ八名トシ縣ノ名譽職參事會員ハ六名トス

府縣高等官ニシテ府縣參事會員タルヘキ者ハ内務大臣之ヲ命ス

第六十六條　名譽職參事會員ハ府縣會ニ於テ議員中ヨリ之ヲ選擧スヘシ

府縣會ハ名譽職參事會員ト同數ノ補充員ヲ選擧スヘシ

名譽職參事會員中闕員アルトキハ府縣知事ハ補充員ノ中ニ就キ之ヲ補闕ス其ノ順序ハ選擧同時ナルトキハ投票數ニ依リ投票同數ナルトキハ年長者ヲ取リ同年月ナルトキハ抽籤ニ依リ選擧ノ時ヲ異ニスルトキハ選擧ノ前後ニ依ル仍闕員ヲ生シタル場合ニ於テハ臨時補闕選擧ヲ行フヘシ

補闕員ハ前任者ノ殘任期間在任ス

名譽職參事會員及其ノ補充員ハ府縣會議員ノ定期改選每ニ之ヲ改選スヘシ但シ名譽職參事會員ハ後任者就任ノ日マテ在任ス

第六十七條　府縣參事會ハ府縣知事ヲ以テ議長トス府縣知事故障アルトキハ高等官參事會員議長ノ職務ヲ代理ス

第二款　職務權限及處務規程

第六十八條　府縣參事會ノ職務權限左ノ如シ

一　府縣會ノ權限ニ屬スル事件ニシテ其ノ委任ヲ受ケタルモノヲ議決スル事

二　府縣會ノ權限ニ屬スル事件ニシテ臨時急施ヲ要シ府縣知事ニ於テ之ヲ招集スルノ暇ナシト認ムルトキ府縣會ニ代テ議決スル事

三　府縣知事ヨリ府縣會ニ提出スル議案ニ付府縣知事ニ對シ意見ヲ述フル事
四　府縣會ノ議決シタル範圍內ニ於テ財產及營造物ノ管理ニ關シ重要ナル事項ヲ議決スル事
五　府縣費ヲ以テ支辦スヘキ工事ノ執行ニ關スル規定ヲ議決スル事但シ法律命令中別段ノ規定アルモノハ此ノ限ニ在ラス
六　府縣ニ係ル訴願訴訟及和解ニ關スル事項ヲ議決スル事
七　其ノ他法律命令ニ依リ府縣參事會ノ權限ニ屬スル事項

第六十九條　府縣參事會ハ名譽職參事會員中ヨリ委員ヲ選擧シ之ヲシテ府縣ニ係ル出納ヲ檢査セシムルコトヲ得

前項ノ檢査ニハ府縣知事又ハ其ノ指命シタル官吏若ハ吏員之ニ立會フコトヲ要ス

第七十條　第四十四條第四十五條第四十九條及第六十二條ノ規定ハ府縣參事會ニ之ヲ準用ス

第七十一條　府縣參事會ハ府縣知事之ヲ招集ス若名譽職參事會員半數以上ノ請求アル場合ニ於テ相當ノ理由アリト認ムルトキハ府縣知事ハ府縣參事會ヲ招集スヘシ

府縣參事會ノ會期ハ府縣知事之ヲ定ム

第七十二條　府縣參事會ノ會議ハ傍聽ヲ許サス

第七十三條　府縣參事會ハ議長又ハ其ノ代理者及名譽職參事會員定員ノ半數以上出席スルニ非サレハ會議ヲ開クコトヲ得ス

第六十八條第二ノ議決ヲ爲ストキハ府縣知事高等官參事會員ハ其ノ議決ニ加ハルコトヲ得ス

府縣參事會ノ議事ハ過半數ヲ以テ決ス可否同數ナルトキハ議長

ノ決スル所ニ依ル
會議ノ顚末ハ之ヲ會議録ニ記載シ議長及參事會員二名以上之ニ署名スヘシ
第七十四條　第五十四條ノ規定ハ府縣參事會員ニ之ヲ準用ス但シ同條ノ規定ニ依リ會員ノ數減少シテ前條第一項ノ數ヲ得サルトキハ府縣知事ハ補充員ニシテ其ノ事件ニ關係ナキ者ヲ以テ第六十六條第三項ノ順序ニ依リ臨事之ニ充テ仍其ノ數ヲ得サルトキハ府縣會議員ニシテ其ノ事件ニ關係ナキ者ヲ臨時ニ指命シ其ノ闕員ヲ補充スヘシ
議長及其ノ代理者共ニ除席セラレタルトキハ年長ノ會員ヲ以テ假議長ト爲スヘシ

第四章　府縣行政

第一款　府縣吏員ノ組織及任免

第七十五條　府縣ニ有給ノ府縣吏員ヲ置クコトヲ得
前項ノ府縣吏員ハ府縣知事之ヲ任免ス

第七十六條　府縣ニ府縣出納驗ヲ置キ官吏吏員ノ中ニ就キ府縣知事之ヲ命ス

第七十七條　府縣ハ府縣會ノ議決ヲ經内務大臣ノ許可ヲ得テ臨時若ハ常設ノ委員ヲ置クコトヲ得
委員ハ名譽職トス
委員ノ組織選任任期等ニ關スル事項ハ府縣會ノ議決ヲ經内務大臣ノ許可ヲ得テ府縣知事之ヲ定ム

第二款　府縣官吏府縣吏員ノ職務權限及職務規程

第七十八條　府縣知事ハ府縣ヲ統轄シ府縣ヲ代表ス

府縣知事ノ擔任スル事務ノ概目左ノ如シ

一　府縣費ヲ以テ支辨スヘキ事件ヲ執行スル事

二　府縣會及府縣參事會ノ議決ヲ經ヘキ事件ニ付其ノ議案ヲ發スル事

三　財產及營造物ヲ管理スル事但シ特ニ之カ管理者アルトキハ其ノ事務ヲ監督スル事

四　收入支出ヲ命令シ及會計ヲ監督スル事

五　證書及公文書類ヲ保管スル事

六　法律命令又ハ府縣會若ハ府縣參事會ノ議決ニ依リ使用料手數料府縣稅及夫役現品ヲ賦課徵收スル事

七　其ノ他法律命令ニ依リ府縣知事ノ職權ニ屬スル事項

第七十九條　府縣知事ハ議案ヲ府縣會ニ提出スル前之ヲ府縣參事

會ノ審査ニ付シ若府縣參事會ト其ノ意見ヲ異ニスルトキハ府縣參事會ノ意見ヲ議案ニ添ヘ府縣會ニ提出スヘシ

第八十條　府縣知事ハ府縣ノ行政ニ關シ其ノ職權ニ屬スル事務ノ一部ヲ郡島ノ官吏吏員又ハ市町村吏員ニ補助執行セシメ若ハ委任スルコトヲ得

府縣知事ハ府縣ノ行政ニ關シ其ノ職權ニ屬スル事務ノ一部ヲ府縣吏員ニ臨時代理セシムルコトヲ得

第八十一條　府縣知事ハ府縣吏員ヲ監督シ懲戒處分ヲ行フコトヲ得其ノ懲戒處分ハ譴責二十五圓以下ノ過怠金及解職トス

府縣知事ハ府縣吏員ノ懲戒處分ヲ行ハントスル前其ノ吏員ノ停職ヲ命シ竝給料ヲ支給セサルコトヲ得

懲戒ニ依リ解職セラレタル者ハ二年間其ノ府縣ノ公職ニ選擧セ

ラレ若ハ任命セラルルコトヲ得ス

第八十二條　府縣會若ハ府縣參事會ノ議決若ハ選擧其ノ權限ヲ越エ又ハ法律命令ニ背クト認ムルトキハ府縣知事ハ自己ノ意見ニ依リ又ハ内務大臣ノ指揮ニ依リ理由ヲ示シテ直ニ其ノ議決若ハ選擧ヲ取消シ又ハ議決ニ付テハ再議ニ付シタル上仍其ノ議決ヲ改メサルトキハ之ヲ取消スヘシ

前項取消處分ニ不服アル府縣會若ハ府縣參事會ハ行政裁判所ニ出訴スルコトヲ得

府縣會若ハ府縣參事會ノ議決公益ニ害アリト認ムルトキハ府縣知事ハ自已ノ意見ニ依リ又ハ内務大臣ノ指揮ニ依リ理由ヲ示シテ之ヲ再議ニ付シ仍其ノ議決ヲ改メサルトキハ内務大臣ニ具狀シテ指揮ヲ請フヘシ

第八十三條　府縣會若ハ府縣參事會ニ於テ府縣ノ收支ニ關シ不適當ノ議決ヲ爲シタルトキハ府縣知事ハ自己ノ意見ニ依リ又ハ内務大臣ノ指揮ニ依リ理由ヲ示シテ之ヲ再議ニ付シ仍其ノ議決ヲ改メサルトキハ内務大臣ニ具狀シテ指揮ヲ請フヘシ但シ場合ニ依リ再議ニ付セスシテ直ニ内務大臣ノ指揮ヲ請フコトヲ得

第八十四條　府縣知事ハ期日ヲ定メテ府縣會ノ停會ヲ命スルコトヲ得

第八十五條　府縣會若ハ府縣參事會招集ニ應セス又ハ成立セサルトキハ府縣知事ハ内務大臣ニ具狀シテ指揮ヲ請ヒ其ノ議決スヘキ事件ヲ處分スルコトヲ得第五十四條第七十四條ノ場合ニ於テ會議ヲ開クコト能ハサルトキ亦同シ

府縣會若ハ府縣參事會ニ於テ其ノ議決スヘキ事件ヲ議決セス又

ハ府縣會ニ於テ其ノ招集前告示セラレタル事件ニ關シ議案ヲ議了セサルトキハ前項ノ例ニ依ル

府縣參事會ノ決定若ハ裁決スヘキ事項ニ關シテハ本條第一項第二項ノ例ニ依ル此ノ場合ニ於ケル府縣知事ノ處分ニ關シテハ各本條ノ規定ニ準シ訴願及訴訟ヲ提起スルコトヲ得

本條ノ處分ハ次ノ會期ニ於テ之ヲ府縣會若ハ府縣參事會ニ報告スヘシ

第八十六條　府縣參事會ノ權限ニ屬スル事件ニシテ臨事急施ヲ要シ府縣知事ニ於テ之ヲ招集スルノ暇ナシト認ムルトキハ府縣知事ハ專決處分シ次ノ會期ニ於テ其ノ處分ヲ府縣參事會ニ報告スヘシ

第八十七條　府縣參事會ノ權限ニ屬スル事項ハ其ノ議決ニ依リ

縣知事ニ於テ專決處分スルコトヲ得

第八十八條　官廳ノ府縣行政ニ關スル職務關係ハ此ノ法律中規定アルモノヲ除ク外國ノ行政ニ關スル其ノ職務關係ノ例ニ依ル

第八十九條　府縣出納吏ハ出納事務ヲ掌ル

第九十條　府縣吏員ハ府縣知事ノ命ヲ承ケ事務ニ從事ス

第九十一條　委員ハ府縣知事ノ指揮監督ヲ承ケ財產若ハ營造物ヲ管理シ其ノ他府縣行政事務ノ一部ヲ調査シ又ハ一時ノ委託ニ依リ事務ヲ處辨ス

第九十二條　府縣ノ事務ニ關スル處務規程ハ府縣知事之ヲ定ム

第三款　給料及給與

第九十三條　有給府縣吏員ノ給料額竝旅費額及其ノ支給方法ハ府縣知事之ヲ定ム

第九十四條　府縣會議員名譽職參事會員其ノ他名譽職員ハ職務ノ爲要スル費用ノ辨償ヲ受クルコトヲ得

費用辨償額及其ノ支給方法ハ府縣會ノ議決ヲ經內務大臣ノ許可ヲ得テ府縣知事之ヲ定ム若之ヲ許可スヘカラスト認ムルトキハ內務大臣之ヲ定ム

第九十五條　有給府縣吏員ノ退隱料退職給與金遺族扶助料及其ノ支給方法ハ前條第二項ノ例ニ依リテ之ヲ定ム

第九十六條　退隱料退職給與金遺族扶助料及費用辨償ノ給與ニ關シ異議アルトキハ之ヲ府縣知事ニ申立ツルコトヲ得

前項ノ異議ハ之ヲ府縣參事會ノ決定ニ付スヘシ其ノ決定ニ不服アルモノハ行政裁判所ニ出訴スルコトヲ得

前項ノ決定ニ關シテハ府縣知事ヨリモ亦訴訟ヲ提起スルコトヲ

得

第九十七條　給料旅費退隱料退職給與遺族扶助料費用辨償其ノ他ノ諸給與ハ府縣ノ負擔トス

第五章　府縣ノ財務

第一款　財產營造物及府縣稅

第九十八條　府縣ハ積立金穀等ヲ設クルコトヲ得

第九十九條　府縣ハ營造物若ハ公共ノ用ニ供シタル財產ノ使用ニ付使用料ヲ徵收シ又ハ特ニ一個人ノ爲ニスル事務ニ付手數料ヲ徵收スルコトヲ得

第百條　此法律中別ニ規定アルモノヲ除ク外使用料手數料ニ關スル組則ハ府縣會ノ議決ヲ經內務大臣ノ許可ヲ得府縣知事之ヲ定ム其ノ細則ニハ過料二圓以下ノ罰則ヲ設クルコトヲ得

過料ニ處シ及之ヲ徴收スルハ府縣知事之ヲ掌ル其ノ處分ニ不服アルモノハ行政裁判所ニ出訴スルコトヲ得

第百一條　府縣ハ其ノ公益上必要アル場合ニ於テハ寄附若ハ補助ヲ爲スコトヲ得

第百二條　府縣ハ其ノ必要ナル費用及法律勅令又ハ從來ノ慣例ニ依リ府縣ノ負擔ニ屬スル費用ヲ支辨スル義務ヲ負フ

第百三條　府縣稅及其ノ賦課徴收方法ニ關シテハ法律ニ規定アルモノヲ除ク外勅令ノ定ムル所ニ依ル

府縣ハ勅令ノ定ムル所ニ依リ其ノ費用ヲ市町村ニ分賦スルコトヲ得

第百四條　府縣內ニ住所ヲ有スル者ハ府縣稅ヲ納ムル義務ヲ負フ

第百五條　三箇月以上府縣內ニ滯在スル者ハ其ノ滯在ノ初ニ遡リ府縣稅ヲ納ムル義務ヲ負フ

第百六條　府縣內ニ住所ヲ有セス又ハ三箇月以上滯在スルコトナシト雖府縣內ニ於テ土地家屋物件ヲ所有シ若ハ使用シ又ハ營業所ヲ定メテ營業ヲ爲シ又ハ府縣內ニ於テ特定ノ行爲ヲ爲ス者ハ其ノ土地家屋物件營業若ハ其ノ收入ニ對シ又ハ行爲ニ對シテ賦課スル府縣稅ヲ納ムル義務ヲ負フ其ノ法人タルトキ亦同シ但シ國ノ事業若ハ行爲ニ對シテハ此ノ限ニ在ラス

第百七條　納稅者ノ府縣外ニ於テ所有シ若ハ使用スル土地家屋物件又ハ府縣外ニ於テ營業所ヲ定メタル營業ヨリ生スル收入ニ對シテハ府縣稅ヲ賦課スルコトヲ得ス

住所滯在二府縣以上ニ涉ル者ノ收入ニ對シ府縣稅ヲ賦課スルト

キハ其ノ收入ヲ各府縣ニ平分シ其ノ一部ニノミ賦課スヘシ但シ土地家屋物件又ハ營業所ヲ定メタル營業ヨリ生スル收入ハ此ノ限ニ在ラス

百八條　一府縣以上ニ渉リ營業所ヲ定メテ營業ヲ爲シ且其ノ本稅ヲ分別シテ納メサル者ニ對シ關係府縣ニ於テ營業稅ノ附加稅ヲ賦課スルトキハ關係府縣知事協議ノ上其ノ步合ヲ定メ內務大臣及大藏大臣ノ許可ヲ受クヘシ若協議調ハサルトキハ內務大臣及大藏大臣之ヲ定ム

第百九條　府縣稅賦課ノ細目ニ係ル事項ハ府縣會ノ議決ニ依リ關係市町村會ノ議決ニ付スルコトヲ得

市町村會ニ於テ府縣會ノ議決ニ依リ定マリタル期限內ニ其ノ議決ヲ爲ササルトキ若ハ不適當ノ議決ヲ爲シタルトキハ府縣參事

會之ヲ議決スヘシ

第百十條　府縣稅ヲ賦課スルコトヲ得サルモノニ關シテハ法律勅令ヲ以テ別段ノ規定ヲ設クルモノヲ除ク外市町村稅ノ例ニ依ル

第百十一條　府縣內ノ一部ニ對シ特ニ利益アル事件ニ關シテハ勅命ノ定ムル所ニ依リ不均一ノ賦課ヲ爲スコトヲ得

第百十二條　府縣ハ其ノ必要ニ依リ夫役及現品ヲ府縣內一部ノ市町村其ノ他公共團體若ハ一部ノ納稅義務者ニ賦課スル事ヲ得
但シ學藝美術及手工ニ關スル勞役ヲ課スルコトヲ得ス
夫役及現品ハ急迫ノ場合ヲ除ク外金額ニ算出シテ賦課スヘシ
夫役ニ課セラレタル者ハ其ノ便宜ニ從ヒ本人自ラ之ニ當リ又ハ適當ノ代人ヲ出スコトヲ得又夫役及現品ハ急迫ノ場合ヲ除ク外

金錢ヲ以テ之ニ代フルコトヲ得

第百十三條　府縣稅ノ減免若ハ納稅ノ延期ハ特別ノ事情アル者ニ限リ府縣知事ハ府縣參事會ノ議決ヲ經テ之ヲ許スコトヲ得

第百十四條　市制施行ノ府縣ニ於テハ郡廳舍建築修繕費及郡役所費ハ郡ニ屬スル部分ノ負擔トス

第百十五條　府縣稅ノ賦課ヲ受ケタル者其ノ賦課ニ付違法若ハ錯誤アリト認ムルトキハ徵稅令書又ハ徵稅傳令書ノ交付後三箇月以内ニ府縣知事ニ異議ノ申立ヲ爲スコトヲ得

第百三條第二項ノ場合ニ於テ市町村ハ府縣費ノ分賦ニ關シ違法若ハ錯誤アリト認ムルトキハ其ノ告知ヲ受ケタル時ヨリ三箇月以内ニ府縣知事ニ異議ノ申立ヲ爲スコトヲ得

前二項ノ異議ハ之ヲ府縣參事會ノ決定ニ付スヘシ其ノ決定ニ不

服アル者ハ行政裁判所ニ出訴スルコトヲ得
使用料及手數料ノ徵收ニ關シテモ亦第一項及第三項ノ例ニ依ル
本條ノ決定ニ關シテハ府縣知事郡島ノ官吏吏員市町村吏員ヨリモ亦訴訟ヲ提起スルコトヲ得

第百十六條　府縣稅ノ賦課ニ關シ必要アル場合ニ於テハ當該行政廳ハ日出ヨリ日沒マテノ間營業者ニ關シテハ仍其ノ營業時間家宅ニ臨檢シ又ハ帳簿物件ノ撿査ヲ爲スコトヲ得
府縣稅使用料手數料夫役現品ニ代フル金錢過料其ノ他府縣ノ收入ヲ定期內ニ納メサル者アルトキハ國稅滯納處分ノ例ニ依リ之ヲ處分スヘシ
本條ニ記載スル徵收金ハ國ノ徵收金ニ次テ先取特權ヲ有シ其ノ追徵還付及時效ニ付テハ國稅ノ例ニ依ル

本條第二項ノ場合ニ於テ郡島ノ官吏吏員市町村吏員ノ處分ニ不服アル者ハ府縣參事會ニ訴願シ其ノ裁決又ハ府縣知事ノ處分ニ不服アル者ハ行政裁判所ニ出訴スルコトヲ得

前項ノ裁決ニ關シテハ府縣知事郡島ノ官吏吏員市町村吏員ヨリモ亦訴訟ヲ提起スルコトヲ得

本條第二項ノ處分ハ其ノ確定ニ至ルマテ執行ヲ停止ス

第百十七條　府縣ハ其ノ負債ヲ償還スル爲又ハ府縣ノ永久ノ利益ト爲ルヘキ支出ヲ要スル爲又ハ天災事變等ノ爲必要アル場合ニ限リ府縣會ノ議決ヲ經テ府縣債ヲ起スコトヲ得

府縣債ヲ起スニ付府縣會ノ議決ヲ經ルトキハ併セテ起債ノ方法利息ノ定率及償還ノ方法ニ付議決ヲ經ヘシ

府縣ハ豫算内ノ支出ヲ爲ス爲本條ノ例ニ依ラス府縣參事會ノ議

決ヲ經テ一時ノ借入金ヲ爲スコトヲ得

第二欵　歳入出豫算及決算

第百十八條　府縣知事ハ毎會計年度歳入出豫算ヲ調製シ年度開始前府縣會ノ議決ヲ經ヘシ

府縣ノ會計年度ハ政府ノ會計年度ニ同シ

豫算ヲ府縣會ニ提出スルトキハ府縣知事ハ併セテ財產表ヲ提出スヘシ

第百十九條　府縣知事ハ府縣會ノ議決ヲ經テ既定豫算ノ追加若ハ更正ヲ爲スコトヲ得

第百二十條　府縣費ヲ以テ支辨スル事件ニシテ數年ヲ期シテ施行スヘキモノ又ハ數年ヲ期シテ其費用ヲ支出スヘキモノハ府縣會ノ議決ヲ經テ其年期間各年度ノ支出額ヲ定メ繼續費ト爲スヿヲ得

第百二十一條　豫算外ノ支出若ハ豫算超過ノ支出ニ充ツル爲豫備費ヲ設クヘシ但シ府縣會ノ否決シタル費途ニ充ツルコトヲ得ス

第百二十二條　豫算ハ議決ヲ經タル後直ニ之ヲ內務大臣ニ報告シ並其ノ要領ヲ告示スヘシ

第百二十三條　府縣知事ハ府縣會ノ議決ヲ經テ特別會計ヲ設クルコトヲ得

第百二十四條　決算ハ翌翌年ノ通常會ニ於テ之ヲ府縣會ニ報告スヘシ

府縣知事ハ決算ヲ府縣會ニ報告スル前府縣參事會ノ審査ニ付スヘシ若府縣知事ト府縣參事會ト意見ヲ異ニスルトキハ府縣知事ハ府縣參事會ノ意見ヲ決算ニ添ヘ府縣會ニ提出スヘシ

決算ハ之ヲ內務大臣ニ報告シ並其ノ要領ヲ告示スヘシ

第百二十五條　豫算調製ノ式並費目流用其ノ他財務ニ關スル必要ナル規定ハ內務大臣之ヲ定ム

第百二十六條　府縣吏員ノ身元保證及賠償責任ニ關スル規定ハ勅令ヲ以テ之ヲ定ム

第六章　府縣行政ノ監督

第百二十七條　府縣ノ行政ハ內務大臣之ヲ監督ス

第百二十八條　此ノ法律ニ規定スル異議若ハ訴願ハ處分ヲ爲シ又ハ決定書若ハ裁決書ノ交付ヲ受ケタル翌日ヨリ起算シ十四日以內ニ之ヲ提起スヘシ但シ此ノ法律中別ニ期間ヲ定メタルモノハ此ノ限ニ在ラス

此ノ法律ニ規定スル行政訴訟ハ處分ヲ爲シ決定書若ハ裁決書ノ交付ヲ受ケタル翌日ヨリ起算シ二十一日以內ニ之ヲ提起スヘシ

決定書若ハ裁決書ノ交付ヲ受ケサル者ニ關シテハ前二項ノ期間ハ告示ノ翌日ヨリ起算ス

此ノ法律ニ規定スル異議ノ決定ハ文書ヲ以テ之ヲ爲シ其ノ理由ヲ付スヘシ

前項異議ノ決定書ハ之ヲ申立人ニ交付スヘシ

此ノ法律ニ規定スル異議ノ申立若ハ訴願ノ提起ニ關スル期間ノ計算竝天災事變ノ場合ニ於ケル特例ニ付テハ民事訴訟法ノ規定ヲ準用ス

異議ヲ申立又ハ訴願訴訟ヲ提起スル者アルトキハ行政廳及行政裁判所ハ其ノ職權ニ依リ又ハ關係者ノ請求ニ依リ必要ト認ムル場合ニ限リ處分ノ執行ヲ停止スルコトヲ得

第百二十九條　內務大臣ハ府縣行政ノ法律命令ニ背戾セサルヤ又

ハ公益ヲ害セサルヤ否ヲ監視スヘシ内務大臣ハ之カ為行政事務ニ関シテ報告ヲ為サシメ書類帳簿ヲ徴シ並実地ニ就キ事務ヲ視察シ出納ヲ検閲スルノ権ヲ有ス
内務大臣ハ府県行政ノ監督上必要ナル命令ヲ発シ処分ヲ為スノ権ヲ有ス

第百三十条　内務大臣ハ府県ノ予算中不適当ト認ムルモノアルトキハ之ヲ削減スルコトヲ得

第百三十一条　内務大臣ハ勅裁ヲ経テ府県会ノ解散ヲ命スルコトヲ得
府県会解散ノ場合ニ於テハ三箇月以内ニ議員ヲ選挙スヘシ
解散後始メテ府県会ヲ招集スルトキハ府県知事ハ第五十条第二項ノ規定ニ拘ラス内務大臣ノ許可ヲ得テ別ニ会期ヲ定ムルコト

ヲ得

第百三十二條　府縣吏員ノ服務規律ハ内務大臣之ヲ定ム

第百三十三條　左ニ掲クル事件ハ内務大臣ノ許可ヲ受クルコトヲ要ス

一　學藝美術又ハ歴史上貴重ナル物件ヲ處分シ若ハ大ナル變更ヲ爲ス事

二　使用料手數料ヲ新設シ增額シ又ハ變更スル事

三　寄附若ハ補助ヲ爲ス事

四　不動產ノ處分ニ關スル事

五　第百十二條ニ依リ夫役及現品ヲ賦課スル事但シ急迫ノ場合ハ此ノ限ニ在ラス

六　繼續費ヲ定メ若ハ變更スル事

七　特別會計ヲ設クル事

第百三十四條　左ニ掲クル事件ハ内務大臣及大藏大臣ノ許可ヲ受クルコトヲ要ス

一　府縣債ヲ起シ竝起債ノ方法利息ノ定率及償還ノ方法ヲ定メ若ハ變更スル事但シ第百十七條末項ノ借入金ハ此ノ限ニ在ラス

二　地租三分ノ一ヲ超過スル附加税ヲ賦課スル事但シ法律勅令中別段ノ規定アル場合ハ此ノ限ニ在ラス

三　法律勅令ノ規定ニ依リ官廳ヨリ下渡ス歩合金ニ對シ支出金額ヲ定ムル事

第百三十五條　府縣ノ行政ニ關シ主務大臣ノ許可ヲ要スヘキ事項ニ付テハ主務大臣ハ許可申請ノ趣旨ニ反セスト認ムル範圍内ニ於テ更正シテ許可ヲ與フルコトヲ得

第百三十六條　府縣ノ行政ニ關シ主務大臣ノ許可ヲ要スヘキ事項中付其ノ輕易ナルモノハ勅令ノ規定ニ依リ許可ヲ經スシテ處分スルコトヲ得

第七章　附則

第百三十七條　此ノ法律ハ明治二十三年法律第三十五號府縣制ヲ施行シタル府縣ニハ明治三十二年七月一日ヨリ之ヲ施行シ其ノ他ノ府縣ニ關スル施行ノ時期ハ府縣知事ノ具申ニ依リ内務大臣之ヲ定ム

第百三十八條　島嶼ニ關スル府縣ノ行政ニ付テハ勅令ヲ以テ特例ヲ設クルコトヲ得

町村制ヲ施行セサル島嶼ヨリ選出スヘキ府縣會議員ノ選擧ニ關スル事項ハ勅令ノ定ムル所ニ依ル

第百三十九條　法律命令中別段ノ規定アルモノヲ除ク外此ノ法律ニ規定スル郡長ノ職務ハ島司ヲ置ケル島嶼ニ於テハ島司之ヲ行ヒ町村長ノ職務ハ町村制ヲ施行セサル地ニ於テハ戸長又ハ之ニ準スヘキ者之ヲ行フ

第百四十條　從前郡市經濟ヲ異ニシタル府縣ノ財産處分ニ關スル規定ハ内務大臣之ヲ定ム

特別ノ事情アル府縣ニ於テハ勅令ノ定ムル所ニ依リ市部郡部ノ經濟ヲ分別シ市部會郡部會市部參事會郡部參事會ヲ置キ其ノ他必要ナル事項ニ關シ別段ノ規定ヲ設クルコトヲ得

第百四十一條　明治二十三年法律第八十八條府縣稅徵收法及地方稅ニ關スル從前ノ規定ハ此ノ法律ニ依リ變更シタルモノヲ除ク外勅令ヲ以テ別段ノ規定ヲ設クルマテ其ノ效力ヲ有ス

第百四十二條　明治二十三年法律第三十五號府縣制ノ規定ニ依リ選擧セラレタル府縣會議員府縣參事會員ハ此ノ法律施行ノ日ヨリ其ノ職ヲ失フ

本法發布後施行ノ日ニ至ルマテノ間ニ明治二十三年法律第三十五號府縣制ヲ施行シタル府縣ニ於テハ府縣會議員ノ改選ヲ要スルコトアルモ其ノ改選ヲ行ハス議員ハ本法施行ノ日マテ在任ス

第百四十三條　此ノ法律施行ノ際府縣會及府縣參事會ノ職務ニ屬スル事項ニシテ急施ヲ要スルモノハ其ノ成立ニ至ルマテノ間府縣知事之ヲ行フ

第百四十四條　此ノ法律施行ノ際議員ヲ選擧スルニ必要ナル選擧人名簿ノ調製ニ限リ第九條乃至第十二條ノ期日及期間ハ勅令ヲ以テ別ニ之ヲ定ムルコトヲ得但シ其ノ選擧人名簿ハ翌年調製ス

ル選擧人名簿確定ノ日マテ其ノ效力ヲ有ス

第百四十五條　此ノ法律ニ定ムル直接稅ノ種類ハ內務大臣及大藏大臣之ヲ告示ス

第百四十六條　明治十三年第十五號布告府縣會規則明治十四年第八號布告區郡部會規則明治二十二年法律第六號府縣會議員選擧規則其ノ他此ノ法律ニ牴觸スル法規ハ此ノ法律施行ノ府縣ニ於テハ其ノ效力ヲ失フ

第百四十七條　此ノ法律ヲ施行スル爲必要ナル事項ハ命令ヲ以テ之ヲ定ム

朕帝國議會ノ協賛ヲ經タル郡制改正法律ヲ裁可シ茲ニ之ヲ布公セシム

御名 御璽

明治三十二年三月十五日

内閣總理大臣 侯爵 山縣有朋

内務大臣 侯爵 西鄉從道

郡制

第一章　總則

第一條　郡ハ從來ノ區域ニ依リ町村ヲ包括ス

第二條　郡ハ法人トシ官ノ監督ヲ承ケ法律命令ノ範圍內ニ於テ其ノ公共事務並法律勅令ニ依リ郡ニ屬スル事務ヲ處理ス

第三條　郡ノ廢置分合又ハ境界變更ヲ要スルトキハ法律ヲ以テ之ヲ定ム

郡ノ境界ニ渉リテ市町村境界ノ變更アリタルトキハ郡ノ境界モ亦自ラ變更ス町村ヲ變シテ市ト爲シ若ハ市ヲ變シテ町村ト爲シ又ハ所屬未定地ヲ町村ノ區域ニ編入シタルトキ亦同シ

本條ノ處分ニ付財產處分ヲ要スルトキハ內務大臣ハ關係アル府

縣郡市參事會及町村會ノ意見ヲ徵シテ之ヲ定ム但シ特ニ法律ノ規定アルモノハ此ノ限ニ在ラス

第二章　郡會

第一款　組織及選擧

第四條　郡會議員ハ各選擧區ニ於テ之ヲ選擧ス
選擧區ハ町村ノ區域ニ依ル但シ事情ニ依リ郡長ハ郡會ノ議決ヲ經府縣知事ノ許可ヲ得テ數町村ノ區域ニ依リ選擧區ヲ設クルコトヲ得
町村組合ニシテ町村ノ事務ノ全部ヲ共同處理スルモノハ之ヲ一町村ト看做ス
第五條　郡會議員ノ員數ハ十五人以上三十人以下トス
郡ノ狀況ニ依リ內務大臣ノ許可ヲ得テ前項ノ員數ヲ四十人マヲ

増加スルコトヲ得

郡會議員ノ定數及各選擧區ニ於テ選擧スヘキ郡會議員ノ數ハ郡會ノ議決ヲ經府縣知事ノ許可ヲ得テ郡長之ヲ定ム

前項議員ノ配當方法ニ關スル必要ナル事項ハ內務大臣之ヲ定ム

第六條　郡內ノ町村公民ニシテ町村會議員ノ選擧權ヲ有シ且其ノ郡內ニ於テ一年以來直接國稅年額三圓以上納ムル者ハ郡會議員ノ選擧權ヲ有ス

郡內ノ町村公民ニシテ町村會議員ノ選擧權ヲ有シ且其ノ郡內ニ於テ一年以來直接國稅年額五圓以上ヲ納ムル者ハ郡會議員ノ被選擧權ヲ有ス

家督相續ニ依リ財產取得シタル者ハ其ノ財產ニ付被相續人ノ爲シタル納稅ヲ以テ其ノ者ノ納稅シタルモノト看做ス

郡會議員ハ住所ヲ移シタル爲町村ノ公民權ヲ失フコトアルモ其ノ住所同郡内ニ在ルトキハ之カ爲其ノ職ヲ失フコトナシ

郡會議員ノ選擧權及被選擧權ノ要件中其ノ年限ニ關スルモノハ府縣郡市町村ノ廢置分合若ハ境界變更ノ爲中斷セラルヽコトナシ

左ニ掲クル者ハ郡會議員ノ被選擧權ヲ有セス其ノ之ヲ罷メタル後一箇月ヲ經過セサル者亦同シ

一 所屬府縣ノ官吏及有給吏員

二 其ノ郡ノ官吏及有給吏員

三 撿事警察官吏及收稅官吏

四 神官僧侶其ノ他諸宗敎師

五 小學校敎員

前項ノ外ノ官吏ニシテ當選シ之ニ應セントスルトキハ所屬長官ノ許可ヲ受クヘシ

選擧事務ニ關係アル吏員ハ其ノ選擧區ニ於テ被選擧權ヲ有セス、其ノ之ヲ罷メタル後一箇月ヲ經過セサル者亦同シ

郡ノ爲請負ヲ爲ス者又ハ郡ノ爲請負ヲ爲ス法人ノ役員ハ其ノ郡ノ郡會議員ノ被選擧權ヲ有セス

第七條　郡會議員ハ名譽職トス

郡會議員ノ任期ハ四年トス

議員ノ定數ニ異動ヲ生シタル爲又ハ議員ノ配當ヲ更正シタル爲解任ヲ要スル者ハ抽籤ヲ以テ之ヲ定ム

第八條　郡會議員中闕員アルトキ及郡會議員ノ定數ニ異動ヲ生シタル爲又ハ議員ノ配當ヲ更正シタル爲議員ノ選擧ヲ要スルトキ

ハ三箇月以内ニ之ヲ行フヘシ
補闕議員ハ其ノ前任者ノ殘任期間存在ス
補闕議員ヲ除ク外本條第一項ニ依リ選擧セラレタル議員ハ次ノ改選期マテ在任ス
第九條　郡會議員ノ選擧ハ郡長ノ告示ニヨリ之ヲ行フ其ノ告示ニハ選擧ヲ行フヘキ選擧區投票ヲ行フヘキ日時及選擧スヘキ議員ノ員數ヲ記載シ新ニ選擧人名簿ヲ調製シテ選擧ヲ行フ場合ニ於テハ少クトモ七十日前其ノ他ノ場合ニ於テハ少クトモ十四日前ニ之ヲ發スヘシ
第十條　郡會議員ノ選擧ハ町村長之ヲ管理ス但シ數町村ヲ以テ一選擧區ト爲シタル場合ニ於テハ郡長ノ指定シタル町村長之ヲ管理ス

第十一條　町村長ハ選擧期日前六十日ヲ期トシ其ノ日ノ現在ニ依リ選擧人名簿ヲ調製スヘシ但シ數町村ノ區域ニ依リ選擧區ヲ設ケタル場合ニ於テハ選擧ヲ管理スル町村長ニ之ヲ送付スヘシ
選擧人其ノ住所ヲ期スル町村長ニ於テ直接國稅ヲ納ムルトキハ前項ノ期日マテニ當該行政廳ノ證明ヲ得テ其ノ住所地ノ町村長ニ屆出ツヘシ其ノ期間内ニ屆出ヲ爲ササルトキハ其ノ納稅ハ選擧人名簿ニ記載セラルヘキ要件ニ算入セス
選擧ヲ管理スル町村長ハ選擧期日前五十日ヲ期トシ其ノ日ヨリ七日間町村役場又ハ其ノ他ノ場所ニ於テ選擧人名簿ヲ關係者ノ縱覽ニ供スヘシ若關係者ニ於テ異議アルトキ又ハ正當ノ事故ニ依リ前項ノ手續ヲ爲スコト能ハスシテ名簿ニ登錄セラレサルトキハ縱覽期間内ニ之ヲ町村長ニ申立ツルコトヲ得此ノ場合ニ於テハ

町村長ハ其ノ申立ヲ受ケタル日ヨリ十日以内ニ之ヲ決定スヘシ
前項町村長ノ決定ニ不服アル者ハ郡參事會ニ訴願シ其ノ裁決ニ不服アルモノハ府縣參事會ニ訴願シ其ノ裁決ニ不服アル者ハ行政裁判所ニ出訴スルコトヲ得
前項ノ裁決ニ關シテハ府縣知事郡長町村長ヨリモ亦訴願及訴訟ヲ提起スルコトヲ得
町村長ハ第三項異議ノ決定ニ依リ又ハ第四項訴願ノ裁決確定シ若ハ訴訟ノ判決ニ依リ名簿ノ修正ヲ要スルトキハ選擧ノ期日前七日マテニ修正ヲ加ヘテ確定名簿ト爲スヘシ
本條ニ依リ確定シタル名簿ハ郡內ノ各選擧區ニ涉リ同時ニ調製シタル者ハ確定シタル日ヨリ一年以內ニ於テ行フ選擧ニ之ヲ適用ス其ノ郡內一部ノ選擧區限リ調製シタル者ハ確定シタル日ヨ

リ一年以内ニ該選擧區ニ於テノミ行フ選擧ニ之ヲ適用ス但シ名簿確定後訴願ノ裁決若ハ訴訟ノ判決ニ依リ名簿ノ修正ヲ要スルトキハ選擧ノ期日前七日マテニ修正スヘシ

選擧人名簿ヲ修正シタルトキハ直ニ其ノ要領ヲ告示スヘシ

確定名簿ニ登録セラルヘキ確定裁決書若ハ判決書ヲ所持シ選擧ノ當日選擧會場ニ到ル者ハ此ノ限ニ在ラス

確定名簿ニ登録セラレタル者選擧權ヲ有セサルトキハ選擧ニ參與スルコトヲ得ス但シ名簿ハ之ヲ修正スル限ニ在ラス

異議ノ決定若ハ訴願ノ裁決確定シ又ハ訴訟ノ判決アリタルニ依リ名簿無效ト爲リタルトキハ更ニ名簿ヲ調製スヘシ其ノ名簿調製ノ期日縱覽修正及確定ニ關スル期限等ハ府縣知事ノ許可ヲ得テ郡長之ヲ定ム

第十二條　選擧會ハ町村役場若ハ選擧ヲ管理スル町村長ノ指定シタル場所ニ於テ之ヲ開クヘシ

數町村ヲ以テ一選擧區ト爲シタルトキハ選擧ヲ管理スル町村長ハ選擧ノ日ヨリ少クトモ四日前ニ選擧會ノ場所ヲ定メ關係町村長ニ通知スヘシ

選擧會ノ場所ハ選擧ノ日ヨリ少クトモ三日前町村長ニ於テ之ヲ告示スヘシ

特別ノ事情アル地ニ於テハ命令ヲ以テ選擧分會ヲ設ケ其ノ選擧ニ關シ特別ノ規定ヲ設クルコトヲ得

第十三條　選擧ヲ管理スル町村長ハ臨時ニ選擧人中ヨリ二名乃四名ノ選擧立會人ヲ選任シ其ノ町村長ハ選擧長トナル

選擧立會人ハ名譽職トス

第十四條　選舉人ノ外選舉會場ニ入ルコトヲ得ス但シ選舉會場ノ事務ニ從事スル者選舉會場ヲ監視スル職權ヲ有スル者ハ此ノ限ニ在ラス

選舉人ハ選舉會場ニ以テ協議又ハ勸誘ヲ爲スコトヲ得ス

第十五條　選舉ハ投票ニ依リ之ヲ行フ

投票ハ一人一票ニ限ル

選舉人ハ選舉ノ當日自ラ選舉會場ニ到リ選舉人名簿ノ對照ヲ經投票簿ニ捺印シ投票スヘシ

選舉人ハ選舉會場ニ於テ投票用紙ニ自ラ被選舉人一名ノ氏名ヲ記載シテ投函スヘシ

投票用紙ニハ選舉人ノ氏名ヲ記載スルコトヲ得ス

自ラ被選舉人ノ氏名ヲ書スルコト能ハサル者ハ投票ヲ爲スコト

ヲ得ス
投票用紙ハ郡長ノ定ムル所ニ依リ一定ノ式ヲ用ウヘシ
第十六條　左ノ投票ハ之ヲ無效トス
一　成規ノ用紙ヲ用ヰサルモノ
二　一投票中二人以上ノ被選舉權ヲ記載シタルモノ
三　被選舉人ノ何人タルヲ確認シ難キモノ
四　被選舉權ナキ者ノ氏名ヲ記載シタルモノ
五　被選舉人ノ氏名ノ外他事ヲ記入シタルモノ但シ爵位職業身分住所又ハ敬稱ノ類ヲ記入シタルモノハ此ノ限ニ在ラス
第十七條　投票ノ拒否並效力ハ選舉立會人之ヲ議決ス可否同數ナルトキハ選舉長之ヲ決スヘシ
第十八條　郡會議員ノ選舉ハ有效投票ノ最多數ヲ得タル者ヲ以テ

當選トス投票ノ數相同キトキハ年長者ヲ取リ同年月ナルトキハ選擧長抽籤シテ其ノ當選者ヲ定ム

同時ニ補闕員數名ヲ選擧スルトキハ投票ノ數多キ者投票ノ數相同シキトキハ年長者ヲ以テ殘任期ノ長キ前任者ノ補闕ト爲シ同年月ナルトキハ選擧長抽籤シテ之ヲ定ム

第十九條　選擧長ハ選擧錄ヲ製シテ選擧ノ顚末ヲ記載シ選擧ヲ終リタル後之ヲ朗讀シ選擧立會人二名以上ト共ニ之ニ署名シ投票選擧人名簿其ノ他關係書類ト共ニ選擧ノ效力確定スルニ至ルマテ之ヲ保存スヘシ

第二十條　選擧ヲ終リタルトキハ選擧長ハ直ニ當選者ニ當選ノ旨ヲ告知シ同時ニ選擧錄ノ寫ヲ添ヘ當選者ノ住所氏名ヲ郡長ニ報告スヘシ

當選者當選ノ告知ヲ受ケタルトキハ五日以內ニ其ノ當選ヲ承諾スルヤ否ヲ郡長ニ申立ツヘシ
一人ニシテ數選擧區ノ選擧ニ當リタルトキハ最終ニ當選ノ告知ヲ受ケタル日ヨリ五日以內ニ何レノ選擧ニ應スヘキカヲ郡長ニ申立ツヘシ
定期改選增員選擧補闕選擧等ヲ同時ニ行ヒタル場合ニ於テ一人ニシテ其ノ數選擧ニ當リタルトキハ前項ノ例ニ依ル
前三項ノ申立ヲ其ノ期限內ニ爲ササルトキハ當選ヲ辭シタルモノト看做ス
第六條第七項ノ官吏ニシテ當選シタルモノニ關シテハ本條ニ定ムル期間ヲ二十日以內トス
第二十一條　郡會議員ノ當選ヲ辭シタル者アルトキハ更ニ選擧ヲ

行フヘシ

二人以上投票同數ニシテ年長ニ由テ當選シタルモノ其ノ當選ヲ辭シタルトキハ年少ニ由テ當選セサリシ者ヲ以テ當選トス但シ年少ニ由テ當選セサリシ者二人以上アルトキハ年長者ヲ取リ同年月ナルトキハ選擧長抽籤シテ其ノ當選者ヲ定ム

二人以上投票同數ニシテ抽籤ニ依テ當選シタル者其ノ當選ヲ辭シタルトキハ抽籤ノ爲當選セサリシ者ヲ以テ當選トス但シ抽籤ノ爲當選セサリシ者二人以上アルトキハ選擧長抽籤シテ其ノ選擧者ヲ定ム

第二十二條　選擧者其ノ當選ヲ承諾シタルトキハ郡長ハ直ニ當選證書ヲ付與シ及其ノ住所氏名ヲ告示スヘシ

第二十三條　選擧人選擧ハ當選ノ效力ニ關シ異議アルトキハ選擧

ノ日ヨリ十四日以内ニ之ヲ郡長ニ申立ツルコトヲ得
前項ノ異議ハ之ヲ郡參事會ノ決定ニ付スヘシ
郡長ニ於テ選擧若ハ當選ノ效力ニ關シ異議アルトキハ第一項申立ノ有無ニ拘ラス第二十條第一項ノ報告ヲ受ケタル日ヨリ二十日以内ニ郡參事會ノ決定ニ付スルコトヲ得
本條郡參事會ノ決定ニ不服アル者ハ府縣參事會ニ訴願シ其ノ裁決ニ不服アル者ハ行政裁判所ニ出訴スルコトヲ得
前項ノ決定及裁決ニ關シテハ府縣知事郡長選擧ヲ管理スル町村長ヨリモ亦訴願及訴訟ヲ提起スルコトヲ得

第二十四條　選擧ノ規定ニ違背スルコトアルトキハ其ノ選擧ヲ效トス但シ選擧ノ結果ニ異動ヲ生スルノ虞ナキモノハ此ノ限ニ在ラス

當選者ニシテ被選擧權ヲ有セサルトキハ其ノ當選ヲ無效トス

第二十五條　選擧者ハ當選無效ト確定シタルトキハ更ニ選擧ヲ行フヘシ但シ得票數ノ査定ニ錯誤アリタル爲又ハ選擧ノ際被選擧權ヲ有セサル爲當選無效ト確定シタルトキハ第十八條及第二十條ノ例ニ依ル

第二十六條　郡會議員ニシテ被選擧權ヲ有セサル者ハ其ノ職ヲ失フ其ノ被選擧權ニ關スル異議ハ郡參事會之ヲ決定ス

郡會ニ於テ其ノ議員中被選擧權ヲ有セサル者アリト認ムルトキハ之ヲ郡長ニ通知スヘシ但シ議員ハ自己ノ資格ニ關スル會議ニ於テ辨明スルコトヲ得ルモ其ノ議決ニ加ハルコトヲ得ス

郡長ハ前項ノ通知ヲ受ケタルトキハ之ヲ郡參事會ノ決定ニ付スヘシ郡長ニ於テ被選擧權ヲ有セサル者アリト認ムルトキ亦同シ

本條郡參事會ノ決定ニ不服アル者ハ府縣參事會ニ訴願シ其ノ裁決ニ不服アル者ハ行政裁判所ニ出訴スルコトヲ得

前項ノ決定及裁決ニ關シテハ府縣知事郡長ヨリモ亦訴願及訴訟ヲ提起スルコトヲ得

郡會議員ハ其ノ被選擧權ヲ有セストスル決定若ハ裁決確定シ又ハ判決アルマテハ會議ニ列席シ及發言スルノ權ヲ失ハス

第二十七條　本款ニ規定スル異議ノ決定及訴願ノ裁決ハ其ノ決定書若ハ裁決書ヲ交付シタルトキ直ニ之ヲ告示スヘシ

第二十八條　郡會議員ノ選擧ニ付テハ市町村會議員選擧ニ關スル罰則ヲ準用ス

第二款　職務權限及處務規程

第二十九條　郡會ノ議決スヘキ事件左ノ如シ

一　歳入出豫算ヲ定ムル事
二　決算報告ニ關スル事
三　法律命令ニ定ムルモノヲ除ク外使用料手數料及夫役現品ノ賦課徴收ニ關スル事
四　不動産ノ處分並買受讓受ニ關スル事
五　積立金穀等ノ設置及處分ニ關スル事
六　歳入出豫算ヲ以テ定ムルモノヲ除ク外新ニ義務ノ負擔ヲ爲シ及權利ノ抛棄ヲ爲ス事
七　財産及營造物ノ管理方法ヲ定ムル事但シ法律命令中別段ノ規定アルモノハ此ノ限ニ在ラス
八　其他法律命令ニ依リ郡會ノ權限ニ屬スル事項

第三十條　郡會ハ其ノ權限ニ屬スル事項ヲ郡參事會ニ委任スルコ

トヲ得

第三十一條　郡會ハ法律命令ニ依リ選擧ヲ行フヘシ

第三十二條　郡會ハ郡ノ公益ニ關スル事件ニ付意見書ヲ郡長若ハ監督官廳ニ呈出スルコトヲ得

第三十三條　郡會ハ官廳ノ諮問アルトキハ意見ヲ答申スヘシ

郡會ノ意見ヲ徴シテ處分ヲ爲スヘキ場合ニ於テ郡會招集ニ應セス若ハ成立セス又ハ意見ヲ呈出セサルトキハ當該官廳ハ其ノ意見ヲ俟タスシテ直ニ處分ヲ爲スコトヲ得

第三十四條　郡會議員ハ選擧人ノ指示若ハ委囑ヲ受クヘカラス

第三十五條　郡會ハ議員中ヨリ議長副議長各一名ヲ選擧スヘシ

議長副議長ハ議員ノ定期改選毎ニ之ヲ改選スヘシ

第三十六條　議長故障アルトキハ副議長之ニ代リ議長副議長共ニ

故障アルトキハ臨時ニ議員中ヨリ假議長ヲ選擧スヘシ

第三十七條　郡長及其ノ委任若ハ囑託ヲ受ケタル官吏吏員ハ會議ニ列席シテ議事ニ參與スルコトヲ得但シ議決ニ加ハルコトヲ得ス

前項ノ列席者ニ於テ發言ヲ求ムルトキハ議長ハ直ニ之ヲ許スヘシ但シ之カ爲議員ノ演說ヲ中止セシムルコトヲ得ス

第三十八條　郡會通常會及臨時會トス

通常會ハ毎年一回之ヲ開ク其ノ會期ハ十四日以內トス臨時會ハ必要アル場合ニ於テ其ノ事件ニ限リ之ヲ開ク其ノ會期ハ五日以內トス

臨時會ニ付スヘキ事件ハ豫メ之ヲ告示スヘシ但シ其ノ開會中急施ヲ要スル事件アルトキハ郡長ハ直ニ之ヲ其ノ會議ニ付スルコ

トヲ得

第三十九條　郡會ハ郡長之ヲ招集ス
招集ハ開會ノ日ヨリ少クトモ十日前ニ告示スヘシ但シ急施ヲ要スル塲合ハ此ノ限ニ在ラス
郡會ハ郡長之ヲ開閉ス

第四十條　郡會ハ議員定員ノ半數以上出席スルニ非サレハ會議ヲ開クコトヲ得ス

第四十一條　郡會ノ議事ハ過半數ヲ以テ決ス可否同數ナルトキハ議長ノ決スル所ニ依ル

第四十二條　議長及議員ハ自己若ハ父母祖父母妻子孫兄弟姉妹ノ一身上ニ關スル事件ニ付テハ郡會ノ同意ヲ得ルニ非サレハ其ノ議事ニ參與スルコトヲ得ス

第四十三條　法律命令ノ規定ニ依リ郡會ニ於テ選擧ヲ行フトキハ一名每ニ匿名投票ヲ爲シ有效投票ノ過半數ヲ得タル者ヲ以テ當選トス若過半數ヲ得タル者ナキトキハ最多數ヲ得タル者二名ヲ取リ之ニ就キ決選投票ヲ爲サシム其ノ二名ヲ取ルニ當リ同數者アルトキハ年長者ヲ取リ同年月ナルトキハ議長抽籤シテ之ヲ定ム此ノ決選投票ニ於テハ最多數ヲ得タル者ヲ以テ當選トス若同數ナルトキハ年長者ヲ取リ同年月ナルトキハ議長抽籤シテ之ヲ定ム其ノ他ハ第十五條乃至第十七條ノ規定ヲ準用ス

前項ノ選擧ニ付テハ郡會ハ其ノ議決ヲ以テ指名推選若ハ連名投票ノ法ヲ用ウルコトヲ得其ノ連名投票ノ法ヲ用ウル場合ニ於テハ前項ノ例ニ依ル

第四十四條　郡會ノ會議ハ公開ス但シ左ノ場合ハ此ノ限ニ在ラス

一　郡長ヨリ傍聽禁止ノ要求ヲ受ケタルトキ

二　議長若ハ議員三名以上ノ發議ニ依リ傍聽禁止ヲ可決シタルトキ

前項議長若ハ議員ノ發議ハ討論ヲ須ヒス其ノ可否ヲ決スヘシ

第四十五條　議長ハ會議ノ事ヲ總理シ會議ノ順序ヲ定メ其ノ日ノ會議ヲ開閉シ議場ノ秩序ヲ保持ス

第四十六條　郡會議員ハ會議中無禮ノ語ヲ用ヰ又ハ他人ノ身上ニ涉リ言論スルコトヲ得ス

第四十七條　會議中此ノ法律若ハ會議規則ニ違ヒ其ノ他議場ノ秩序ヲ紊ル議員アルトキハ議長ハ之ヲ制止シ若ハ發言ヲ取消サシメ命ニ從ハサルトキハ議長ハ當日ノ會議ヲ終ルマテ發言ヲ禁止シ又ハ議場ノ外ニ退去セシメ必要ナル場合ニ於テハ警察官吏ノ

處分ヲ求ムルコトヲ得

議場騷擾ニシテ整理シ難キトキハ議長ハ當日ノ會議ヲ中止シ又ハ之ヲ閉ツルコトヲ得

第四十八條　傍聽人公然可否ヲ表シ又ハ喧騷ニ渉リ其ノ他會議ノ妨害ヲ爲ストキハ議長ハ之ヲ制止シ命ニ從ハサルトキハ之ヲ退場セシメ必要ナル場合ニ於テハ警察官吏ノ處分ヲ求ムルコトヲ得

傍聽席騷擾ナルトキハ議長ハ總テノ傍聽人ヲ退場セシメ必要ナル場合ニ於テハ警察官吏ノ處分ヲ求ムルコトヲ得

第四十九條　議場ノ秩序ヲ紊リ又ハ會議ノ妨害ヲ爲ス者アルトキハ議員若ハ第三十七條ノ列席者ハ議長ノ注意ヲ喚起スルヿヲ得

第五十條　郡會ニ書記ヲ置キ議長ニ隷屬シテ庶務ヲ處理セシム

書記ハ議長之ヲ任免ス

第五十一條　議長ハ書記ヲシテ會議錄ヲ製シ會議ノ顚末竝出席議員ノ氏名ヲ記載セシムヘシ會議錄ハ議長及議員二名以上之ニ署名スルヲ要ス其ノ議員ハ郡會ニ於テ之ヲ定ムヘシ

議長ハ會議錄ヲ添ヘ會議ノ結果ヲ郡長ニ報告スヘシ

第五十二條　郡會ハ會議規則及傍聽人取締規則ヲ設ケ府縣知事ノ許可ヲ受クヘシ

會議規則ニハ此ノ法律竝會議規則ニ違背シタル議員ニ對シ郡會ノ議決ニ依リ三日以內出席ヲ停止スル規定ヲ設クルコトヲ得

第三章　郡參事會

第一款　組織及選擧

第五十三條　郡ニ郡參事會ヲ置キ左ノ職員ヲ以テ之ヲ組織ス

一　郡長
二　名譽職參事會員　五名
第五十四條　名譽職參事會員郡會ニ於テ議員中ヨリ之ヲ選擧スヘシ
郡會ハ名譽職參事會員ト同數ノ補充員ヲ選擧スヘシ
名譽職參事會員中闕員アルトキハ郡長ハ補充員ノ中ニ就キ之ヲ補闕ス其ノ順序ハ選擧同時ナルトキハ投票數ニ依リ投票同數ナルトキハ年長者ヲ取リ同年月ナルトキハ抽籤ニ依リ選擧ノ時ヲ異ニスルトキハ選擧ノ前後ニ依ル仍闕員ヲ生シタル場合ニ於テハ臨時補闕選擧ヲ行フヘシ
補闕員ハ前任者ノ殘任期間在任ス
名譽職參事會員及其ノ補充員ハ郡會議員ノ定期改選毎ニ之ヲ改

選スヘシ但シ名譽職參事會員ハ後任者就任ノ日マテ在任ス

第五十五條　郡參事會ハ郡長ヲ以テ議長トス郡長故障アルトキ出席會員中ヨリ臨時議長ヲ互選スヘシ

第二款　職務權限及處務規程

第五十六條　郡參事會ノ職務權限左ノ如シ

一　郡會ノ權限ニ屬スル事件ニシテ其ノ委任ヲ受ケタルモノヲ議決スル事

二　郡會ノ權限ニ屬スル事件ニシテ臨時急施ヲ要シ郡長ニ於テ之ヲ招集スルノ暇ナシト認ムルトキ郡會ニ代テ議決スル事

三　郡長ヨリ郡會ニ提出スル議案ニ付郡長ニ對シ意見ヲ述フル事

四　郡會ノ議決シタル範圍內ニ於テ財產及營造物ノ管理ニ關ツ

重要ナル事項ヲ議決スル事
五　郡費ヲ以テ支辨スヘキ工事ノ執行ニ關スル規定ヲ議決スル事但シ法律命令中別段ノ規定アルモノハ此ノ限ニ在ラス
六　郡ニ係ル訴願訴訟及和解ニ關スル事項ヲ議決スル事
七　其ノ他法律命令ニ依リ郡參事會ノ權限ニ屬スル事項
第五十七條　郡參事會ハ名譽職參事員中ヨリ委員ヲ選擧シ之ヲシテ郡ニ係ル出納ヲ檢査セシムルコトヲ得
前項ノ檢査ニハ郡長又ハ其ノ指命シタル官吏若ハ吏員之ニ立會フコトヲ要ス
第五十八條　第三十二條第三十三條第三十七條及第五十條ノ規定ハ郡參事會ニ之ヲ準用ス
第五十九條　郡參事會ハ郡長之ヲ招集ス若名譽職參事會員半數以

上ノ請求アル會合ニ於テ相當ノ理由アリト認ムルトキハ郡長ハ郡參事會ヲ招集スヘシ
郡參事會ノ會期ハ郡長之ヲ定ム

第六十條　郡參事會ノ會議ハ傍聽ヲ許サス

第六十一條　郡參事會ハ議長及名譽職參事會員定員ノ半數以上出席スルニ非サレハ會議ヲ開クコトヲ得ス
第五十六條第二ノ議決ヲ爲ストキハ郡長ハ其ノ議決ニ加ハルコトヲ得ス
郡參事會ノ議事ハ過半數ヲ以テ決ス可否同數ナルトキハ議長ノ決スル所ニ依ル
會議ノ顛末ハ之ヲ會議錄ニ記載シ議長及名譽職參事會員二名以上之ニ署名スヘシ

第六十二條　第四十二條ノ規定ハ郡參事會員ニ之ヲ準用ス但シ同條ノ規定ニ依リ會員ノ數減少シテ前條第一項ノ數ヲ得サルトキハ郡長ハ補充員ニシテ其ノ事件ニ關係ナキ者ヲ以テ第五十四條第三項ノ順序ニ依リ臨時之ニ充テ仍其ノ數ヲ得サルトキハ郡會議員ニシテ其ノ事件ニ關係ナキ者ヲ臨時ニ指名シ其ノ闕員ヲ補充スヘシ

第四章　郡行政

第一款　郡吏員ノ組織及任免

第六十三條　郡ニ有給ノ郡吏員ヲ置クコトヲ得其ノ定員ハ府縣知事ノ許可ヲ得テ郡長之ヲ定ム

前項ノ郡吏員ハ府縣知事之ヲ任免ス

第六十四條　郡ニ郡出納吏ヲ置キ官吏吏員ノ中ニ就キ郡長之ヲ命

第六十五條　郡ハ郡會ノ議決ヲ經府縣知事ノ許可ヲ得テ臨時若ハ常設ノ委員ヲ置クコトヲ得
委員ハ名譽職トス
委員ノ組織選任任期等ニ關スル事項ハ郡會ノ議決ヲ經府縣知事ノ許可ヲ得テ郡長之ヲ定ム

第二款　郡官吏郡吏員ノ職務權限及處務規程

第六十六條　郡長ハ郡ヲ統轄シ郡ヲ代表ス
郡長ノ擔任スル事務ノ概目左ノ如シ
一　郡費ヲ以テ支辨スヘキ事件ヲ執行スル事
二　郡會及郡參事會ノ議決ヲ經ヘキ事件ニ付其ノ議案ヲ發スル事

三　財產及營造物ヲ管理スル事但シ特ニ之カ管理者アルトキハ其ノ事務ヲ監督スル事

四　收入支出ヲ命令シ及會計ヲ監督スル事

五　證書及公文書類ヲ保管スル事

六　法律命令又ハ郡會若ハ郡參事會ノ議決ニ依リ使用料手數郡費及夫役現品ノ賦課徵收スル事

七　其ノ他法律命令ニ依リ郡長ノ職權ニ屬スル事項

第六十七條　郡長ハ議案ヲ郡會ニ提出スル前之ヲ郡參事會ノ審査ニ付シ若郡參事會ト其ノ意見ヲ異ニスルトキハ郡參事會ノ意見ヲ議案ニ添ヘ郡會ニ提出スヘシ

第六十八條　郡長ハ郡ノ行政ニ關シ其ノ職權ニ屬スル事務ノ一ヲ町村吏員ニ補助執行セシメ若ハ委任スルコトヲ得

郡長ハ郡ノ行政ニ關シ其ノ職權ニ屬スル事務ノ一部ヲ郡吏員ニ臨時代理セシムルコトヲ得

第六十九條　郡會若ハ郡參事會ノ議決若ハ選擧其ノ權限ヲ越エ又ハ法律命令ニ背クト認ムルトキハ郡長ハ自己ノ意見ニ依リ又ハ監督官廳ノ指揮ニ依リ理由ヲ示シテ直ニ其ノ議決若ハ選擧ヲ取消シ又ハ議決ニ付テハ再議ニ付シタル上仍其ノ議決ヲ改メサルトキハ之ヲ取消スヘシ

前項取消處分ニ不服アル郡會若ハ郡參事會ハ府縣參事會ニ訴願シ其ノ裁決ニ不服アルトキハ行政裁判所ニ出訴スルコトヲ得

前項ノ裁決ニ關シテハ府縣知事郡長ヨリモ亦訴訟ヲ提起スルコトヲ得

郡會若ハ郡參事會ノ議決公益ニ害アリト認ムルトキハ郡長ハ自

已ノ意見ニ依リ又ハ監督官廳ノ指揮ニ依リ理由ヲ示シテ之ヲ再議ニ付シ仍其ノ議決ヲ改メサルトキハ府縣知事ニ具狀シテ指揮ヲ請フヘシ

前項府縣知事ノ處分ニ不服アル郡會若ハ郡參事會ハ內務大臣ニ訴願スルコトヲ得

第七十條　郡會若ハ郡參事會ニ於テ郡ノ收支ニ關シ不適當ノ議決ヲ爲シタルトキハ郡長ハ自已ノ意見ニ依リ又ハ監督官廳ノ指揮ニ依リ理由ヲ示シテ之ヲ再議ニ付ヘシ仍其ノ議決ヲ改メサルトキハ府縣知事ニ具狀シテ指揮ヲ請フヘシ但シ場合ニ依リ再議ニ付セスシテ直ニ府縣知事ノ指揮ヲ請フコトヲ得

前項府縣知事ノ處分ニ不服アル郡會若ハ郡參事會ハ內務大臣ニ訴願スルコトヲ得

第七十一條　郡長ハ期日ヲ定メテ郡會ノ停會ヲ命スルコトヲ得

第七十二條　郡會若ハ郡參事會招集ニ應セス又ハ成立セサルトキハ郡長ハ府縣知事ニ具狀シテ指揮ヲ請ヒ其ノ議決スヘキ事件ヲ處分スルコトヲ得第四十二條第六十二條ノ場合ニ於テ會議ヲ開クコト能ハサルトキ亦同シ

郡會若ハ郡參事會ニ於テ其ノ議決スヘキ事件ヲ議決セス又ハ郡會ニ於テ其ノ招集前告示セラレタル事件ニ關シ議案ヲ議了セサルトキハ前項ノ例ニ依ル

郡參事會ノ決定若ハ裁決スヘキ事項ニ關シテハ本條第一項第二項ノ例ニ依ル此ノ場合ニ於ケル郡長ノ處分ニ關シテハ各本條ノ規定ニ準シ訴願及訴訟ヲ提起スルコトヲ得

本條ノ處分ハ次ノ會期ニ於テ之ヲ郡會若ハ郡參事會ニ報告スヘ

シ

第七十三條　郡參事會ノ權限ニ屬スル事件ニシテ臨時急施ヲ要シ郡長ニ於テ之ヲ招集スルノ暇ナシト認ムルトキハ郡長ハ專決處分シ次ノ會期ニ於テ其ノ處分ヲ郡參事會ニ報告スヘシ

第七十四條　郡參事會ノ權限ニ屬スル事項ハ其ノ議決ニ依リ郡長ニ於テ專決處分スルコトヲ得

第七十五條　官吏ノ郡行政ニ關スル職務關係ハ此ノ法律中規定アルモノヲ除ク外國ノ行政ニ關スル其ノ職務關係ノ例ニ依ル

第七十六條　郡出納吏ハ出納事務ヲ掌ル

第七十七條　郡吏員ハ郡長ノ命ヲ承ケ事務ニ從事ス

第七十八條　委員ハ郡長ノ指揮監督ヲ承ケ財產若ハ營造物ヲ管理シ其ノ他郡行政事務ノ一部ヲ調查シ又ハ一時ノ委託ニ依リ事務

ヲ處辨ス

第七十九條　郡ノ事務ニ關スル處務規程ハ郡長之ヲ定ム

第三款　給料及給與

第八十條　有給郡吏員ノ給料額竝旅費額及其ノ支給方法ハ府縣知事ノ許可ヲ得テ郡長之ヲ定ム

第八十一條　郡會議員名譽職參事會員其ノ他名譽職員ハ職務ノ爲要スル費用ノ辨償ヲ受クルコトヲ得

費用辨償額及其ノ支給方法ハ郡會ノ議決ヲ經府縣知事ノ許可ヲ得テ郡長之ヲ定ム若之ヲ許可スヘカラスト認ムルトキハ府縣知事之ヲ定ム

第八十二條　有給郡吏員ノ退隱料退職給與金遺族扶助料及其ノ給方法ハ郡會ノ議決ヲ經内務大臣ノ許可ヲ得テ郡長之ヲ定ム

許可スヘカラストトキハ内務大臣之ヲ定ム

第八十三條　退隱料退職給與金遺族扶助料及費用辨償ノ給與ニシ異議アルトキハ之ヲ郡長ニ申立ツルコトヲ得

前項ノ異議ハ之ヲ郡參事會ノ決定ニ付スヘシ其ノ決定ニ不服アル者ハ府縣參事會ニ訴願シ其ノ裁決ニ不服アル者ハ行政裁判ニ出訴スルコトヲ得

前項ノ決定及裁決ニ關シテハ府縣知事郡長ヨリモ亦訴願及訴ヲ提起スルコトヲ得

第八十四條　給料旅費退隱料退職給與金遺族扶助料費用辨償其他諸給與ハ郡ノ負擔トス

第五章　郡ノ財務

第一欵　財産營造物及郡費

第八十五條　郡ハ積立金穀等ヲ設クルコトヲ得

第八十六條　郡ハ營造物若ハ公共ノ用ニ供シタル財產ノ使用ニ付使用料ヲ徵收シ又ハ特ニ一個人ノ爲ニスル事務ニ付手數料ヲ徵收スルコトヲ得

第八十七條　此ノ法律中別ニ規定アルモノヲ除ク外使用料手數料ニ關スル細則ハ郡會ノ議決ヲ經府縣知事ノ許可ヲ得テ郡長之ヲ定ム其ノ細則ニハ過料二圓以下ノ罰則ヲ設クルコトヲ得

過料ニ處シ及之ヲ徵收スルハ郡長之ヲ掌ル其ノ處分ニ不服アル者ハ府縣參事會ニ訴願シ其ノ裁決ニ不服アル者ハ行政裁判所ニ出訴スルコトヲ得

前項ノ裁決ニ關シテハ府縣知事郡長ヨリモ亦訴訟ヲ提起スルコトヲ得

第八十八條　郡ハ其ノ公益上必要アル場合ニ於テハ寄附若ハ補助ヲ爲スコトヲ得

第八十九條　郡ハ其ノ必要ナル費用及法律勅令ニ依リ郡ノ負擔ニ屬スル費用ヲ支辨スル義務ヲ負フ

前項ノ負擔ハ財產ヨリ生スル收入及其ノ他ノ收入ヲ以テ充ツルモノヽ外之ヲ郡內各町村ニ分賦スヘシ

第九十條　郡費分賦ノ割合ハ其ノ豫算ノ屬スル年度ノ前前年度ニ於ケル各町村ノ直接國稅府縣稅ノ徵收額ニ依ル但シ本條ノ分賦方法ニ依リ難キ事情アルトキハ郡長ハ郡會ノ議決ヲ經內務大臣ノ許可ヲ得テ特別ノ分賦方法ヲ設クルヿヲ得

第九十一條　郡內ノ一部ニ對シ特ニ利益アル事件ニ關シテハ內務大臣ノ定ムル所ニ依リ不均一ノ賦課ヲ爲スヿヲ得

第九十二條　郡ハ其ノ必要ニ依リ夫役及現品ヲ郡内一部ノ町村ニ賦課スルヿヲ得但シ學藝美術及手工ニ關スル勞役ヲ課スルヿヲ得ス

夫役及現品ハ急迫ノ場合ヲ除ク外金額ニ算出シテ賦課スヘシ

夫役又ハ現品ヲ賦課セラレタル町村ハ急迫ノ場合ヲ除ク外金錢ヲ以テ之ニ代フルヿヲ得

第九十三條　使用料手數料ノ徵收ニ關シ告知ヲ受ケタル者其ノ告知ニ違法若ハ錯誤アリト認ムルトキハ告知書ノ交付後三箇月以内ニ郡長ニ異議ノ申立ヲ爲スヿヲ得

郡費ノ分賦ニ關シ町村ニ於テ其ノ分賦ニ違法若ハ錯誤アリト認ムルトキハ其ノ告知ヲ受ケタル時ヨリ三箇月以内ニ郡長ニ異議ノ申立ヲ爲スヿヲ得

前二項ノ異議ハ之ヲ郡參事會ノ決定ニ付スヘシ其ノ決定ニ不服アル者ハ府縣參事會ニ訴願シ其ノ裁決ニ不服アル者ハ行政裁判所ニ出訴スルヿヲ得

前項ノ決定及裁決ニ關シテハ府縣知事郡長町村吏員ヨリモ亦訴願及訴訟ヲ提起スルコトヲ得

第九十四條　使用料手數料過料其ノ他郡ノ收入ヲ定期內ニ納メサル者アルトキハ國稅滯納處分ノ例ニ依リ之ヲ處分スヘシ

本條ニ記載スル徵收金ハ府縣ノ徵收金ニ次テ先取特權ヲ有シ其ノ追徵還付及時效ニ付テハ國稅ノ例ニ依ル

本條第一項ノ塲合ニ於テ町村吏員ノ處分ニ不服アル者ハ郡參事會ニ訴願シ其ノ裁決又ハ郡長ノ處分ニ不服アル者ハ府縣參事會ニ訴願シ其ノ裁決ニ不服アル者ハ行政裁判所ニ出訴スルヿヲ得

前項ノ裁決ニ關シテハ府縣知事郡長町村吏員ヨリモ亦訴願及訟ヲ提起スルコヲ得

本條第一項ノ處分ハ其ノ確定ニ至ルマテ執行ヲ停止ス

第九十五條　郡ハ其ノ負債ヲ償還スル爲又ハ郡ノ永久ノ利益ト爲ルヘキ支出ヲ要スル爲又ハ天災事變等ノ爲必要アル場合ニ限リ郡會ノ議決ヲ經テ郡債ヲ起スコトヲ得

郡債ヲ起スニ付郡會ノ議決ヲ經ルトキハ併セテ起債ノ方法利息ノ定率及償還ノ方法ニ付議決ヲ經ヘシ

郡ハ豫算內ノ支出ヲ爲ス爲本條ノ例ニ依ラス郡參事會ノ議決ヲ經テ一時ノ借入金ヲ爲スコトヲ得

第二款　歲入出豫算及決算

第九十六條　郡長ハ每會計年度歲入出豫算ヲ調製シ年度開始前郡

會ノ議決ヲ經ヘシ
郡ノ會計年度ハ政府ノ會計年度ニ同シ

豫算ヲ郡會ニ提出スルトキハ郡長ハ併セテ財産表ヲ提出スヘシ第九十七條　郡長ハ郡會ノ議決ヲ經テ既定豫算ノ追加若ハ更正ヲ為スコトヲ得

第九十八條　郡費ヲ以テ支辨スル事件ニシテ數年ヲ期シテ施行スヘキモノ又ハ數年ヲ期シテ其ノ費用ヲ支出スヘキモノハ郡會ノ議決ヲ經テ其ノ年期間各年度ノ支出額ヲ定メ繼續費ト為スコトヲ得

第九十九條　豫算外ノ支出若ハ豫算超過ノ支出ニ充ツル為豫備費ヲ設クヘシ但シ郡會ノ否決シタル費途ニ充ツルコトヲ得ス

第百條　豫算ハ議決ヲ經タル後直ニ之ヲ府縣知事ニ報告シ並其ノ

要領ヲ告示スヘシ

第百一條　郡長ハ郡會ノ議決ヲ經テ特別會計ヲ設クルコトヲ得

第百二條　決算ハ翌翌年ノ通常會ニ於テ之ヲ郡會ニ報告スヘシ

郡長ハ決算ヲ郡會ニ報告スル前郡參事會ノ審査ニ付スヘシ若郡長ト郡參事會ト意見ヲ異ニスルトキハ郡長ハ郡參事會ノ意見ヲ決算ニ添ヘ郡會ニ提出スヘシ

決算ハ之ヲ府縣知事ニ報告シ並其ノ要領ヲ告示スヘシ

第百三條　豫算調製ノ式並費目流用其ノ他財務ニ關スル必要ナル規定ハ内務大臣之ヲ定ム

第百四條　郡吏員ノ身元保證及賠償責任ニ關スル規定ハ勅令ヲ以テ之ヲ定ム

第六章　郡組合

第百五條　特定ノ事務ヲ共同處理セシムル必要アル場合ニ於テハ府縣知事ハ關係アル郡參事會ノ意見ヲ徵シ府縣參事會ノ議決ヲ經內務大臣ノ許可ヲ得テ郡組合ヲ設置スルヿヲ得郡組合ノ廢止若ハ變更ニ付テモ亦同シ

第百六條　郡組合ヲ設置スルトキハ府縣知事ハ關係アル郡參事會ノ意見ヲ徵シ府縣參事會ノ議決ヲ經內務大臣ノ許可ヲ得テ郡組合會ノ組織事務ノ管理方法並其ノ費用ノ支辨方法其ノ他必要ナル事項ヲ定ムヘシ

第百七條　郡組合ハ法人トス
郡組合ニ關シテハ本章中規定スルモノヲ除ク外此ノ法律ノ規定ヲ準用ス但シ勅令ヲ以テ別段ノ規定ヲ設クルモノハ此ノ限ニ在ラス

第七章　郡行政ノ監督

第百八條　郡ノ行政ハ第一次ニ於テ府縣知事之ヲ監督シ第二次ニ於テ内務大臣之ヲ監督ス

第百九條　此ノ法律中別段ノ規定アル場合ヲ除ク外郡ノ行政ニ關スル府縣知事ノ處分ニ不服アル者ハ内務大臣ニ訴願スルコトヲ得

此ノ法律ニ規定スル異議若ハ訴願ハ處分ヲ爲シ又ハ決定書若ハ裁決書ノ交付ヲ受ケタル翌日ヨリ起算シ十四日以内ニ之ヲ提起スヘシ但シ此ノ法律中別ニ期限ヲ定メタル者ハ此限ニ在ラス此ノ法律ニ規定スル行政訴訟ハ裁決書ノ交付ヲ受ケタル翌日ヨリ起算シ二十一日以内ニ之ヲ提起スヘシ決定書若ハ裁決書ノ交付ヲ受ケサル者ニ關シテハ前二項ノ期間ハ告示ノ翌日ヨリ起算ス

行政裁判所ニ出訴スルコトヲ得ヘキ場合ニ於テハ内務大臣ニ訴願

スルコヲ得ス
此ノ法律ニ規定スル異議ノ決定ハ文書ヲ以テ之ヲ爲シ其ノ理由ヲ付スヘシ
前項異議ノ決定書ハ之ヲ申立人ニ交付スヘシ
此ノ法律ニ規定スル異議ノ申立若ハ訴願ノ提起ニ關スル期間ノ計算竝天災事變ノ場合ニ於ケル特例ニ付テハ民事訴訟法ノ規定ヲ準用ス
異議ヲ申立テ又ハ訴願訴訟ヲ提起スル者アルトキハ行政廳及行政裁判所ハ其ノ職權ニ依リ又ハ關係者ノ請求ニ依リ必要ト認ムル場合ニ限リ處分ノ執行ヲ停止スルコヲ得
第百十條　監督官廳ハ郡行政ノ法律命令ニ背戾セサルヤ又ハ公益ヲ害セサルヤ否ヲ監視スヘシ督監官廳ハ之カ爲行政事務ニ關シ

テ報告ヲ爲サシメ書類帳簿ヲ徵シ並實地ニ就キ事務ヲ視察シ出納ヲ檢閲スルノ權ヲ有ス

監督官廳ハ郡行政ノ監督上必要ナル命令ヲ發シ處分ヲ爲スノ權ヲ有ス

第百十一條　監督官廳ハ郡ノ豫算中不適當ト認ムルモノアルトキハ之ヲ削減スルヿヲ得

第百十二條　內務大臣ハ郡會ノ解散ヲ命スルヿヲ得

郡會解散ノ場合ニ於テハ三箇月以內ニ議員ヲ選擧スヘシ

解散後始メテ郡會ヲ招集スルトキハ郡長ハ第三十八條第二項ノ規定ニ拘ラス府縣知事ノ許可ヲ得テ別ニ會期ヲ定ムルコトヲ得

第百十三條　郡吏員ノ服務紀律ハ內務大臣之ヲ定ム

第百十四條　左ニ揭クル事件ハ內務大臣ノ許可ヲ受クルコトヲ要

ス
一　學藝美術又ハ歴史上貴重ナル物件ヲ處分シ若ハ大ナル變更ヲ爲ス事
二　使用料手數料ヲ新設シ增額シ又ハ變更スル事
第百十五條　郡債ヲ起シ竝起債ノ方法利息ノ定率及償還ノ方法ヲ定メ若ハ之ヲ變更スルトキハ內務大臣及大藏大臣ノ許可ヲ受クルコトヲ要ス但シ第九十五條末項ノ借入金ハ此ノ限ニ在ラス
第百十六條　左ニ揭クル事件ハ府縣知事ノ許可ヲ受クルコトヲ要ス
一　積立金穀等設置及處分ニ關スル事
二　寄附若ハ補助ヲ爲ス事
三　不動產ノ處分ニ關スル事

四　第九十二條ニ依リ夫役及現品ヲ賦課スル事但シ急迫ノ場合ハ此ノ限ニ在ラス
五　繼續費ヲ定メ若ハ變更スル事
六　特別會計ヲ設クル事
第百十七條　郡ノ行政ニ關シ監督官廳ノ許可ヲ要スヘキ事項ニ付テハ監督官廳ハ許可申請ノ趣旨ニ反セスト認ムル範圍內ニ於テ更正シテ許可ヲ與フルコトヲ得
第百十八條　郡ノ行政ニ關シ主務大臣ノ許可ヲ要スヘキ事項中其ノ輕易ナルモノハ勅令ノ規定ニ依リ其ノ職權ヲ府縣知事ニ委任スルコトヲ得
第百十九條　府縣知事ハ郡吏員ニ對シ懲戒處分ヲ行フコトヲ得其ノ懲戒處分ハ譴責二十五圓以下ノ過怠金及解職トス

府縣知事ハ郡吏員ノ懲戒處分ヲ行ハントスル前其ノ吏員ノ停職ヲ命シ並給料ヲ支給セサルコトヲ得

懲戒ニ依リ解職セラレタル者ハ二年間其ノ郡ノ公職ニ選擧セラレ若ハ任命セラルルコトヲ得ス

第八章　附則

第百二十條　此ノ法律ハ明治二十三年法律第三十六號郡制ヲ施行シタル府縣ニハ明治三十二年七月一日ヨリ之ヲ施行シ其ノ他ノ府縣ニ關スル施行ノ時期ハ府縣知事ノ具申ニ依リ内務大臣之ヲ定ム

第百二十一條　郡内總町村ニ屬スル事業並其ノ財産營造物ハ小學校ヲ除ク外此ノ法律施行ノ日ヨリ郡ニ移ルモノトス

第百二十二條　此ノ法律ノ規定ニ依リ府縣知事府縣參事會ノ職權

ニ屬スル事件ニシテ數府縣ニ涉ルモノアル件ハ關係府縣知事ノ具狀ニ依リ内務大臣ニ於テ其ノ事件ヲ管理スヘキ府縣知事及府縣參事會ヲ指定スヘシ

第二十三條　島嶼ニ關シテハ別ニ勅令ヲ以テ其ノ制ヲ定ムルコトヲ得

前項ノ島嶼ハ勅令ヲ以テ之ヲ指定ス

第百二十四條　明治二十三年法律第三十六號郡制ノ規定ニ依リ選擧セラレタル郡會議員郡參事會員ハ此ノ法律施行ノ日ヨリ其ノ職ヲ失フ

本法發布後施行ノ日ニ至ルマテノ間ニ明治二十三年法律第三十六號郡制ヲ施行シタル府縣ニ於テハ郡會議員ノ改選ヲ要スルコトアルモ其ノ改選ヲ行ハス議員ハ本法施行ノ日マテ在任ス

附則

第百二十五條　此ノ法律施行ノ際郡會及郡參事會ノ職務ニ屬スル事項ニシテ急施ヲ要スルモノハ其ノ成立ニ至ルマテノ間郡長之ヲ行フ

第百二十六條　此ノ法律ニ定ムル府縣參事會ノ職務ハ府縣制ヲ施行シ府縣參事會ノ成立ニ至ルマテノ間府縣知事之ヲ行フモノトス

第百二十七條　此ノ法律ニ定ムル直接稅ノ種類ハ內務大臣及大藏大臣之ヲ告示ス

第百二十八條　明治十一年第十七號布告郡區町村編制法其ノ他此ノ法律ニ牴觸スル法規ハ此ノ法律施行ノ地ニ於テハ其ノ效力ヲ失フ

第百二十九條　此ノ法律ヲ施行スル爲必要ナル事項ハ命令ヲ以テ

之ヲ定ム

府縣制並郡制畢

明治卅二年五月十日印刷
同　年同月十六日發行

定價金　　錢

編輯兼發行者　東京市神田區千代田町十三番地
魚住嘉三郎

印刷者　東京市神田區田代町四番地
西池虎之助

發行所　東京市神田區千代田町十三番地
魚住書店

特約販賣　東京市日本橋區鉄砲町三番地
榊原文盛堂

賣捌　各府縣書肆

地方自治法研究復刊大系〔第232巻〕

郡制府県制 完〔明治32年初版〕

日本立法資料全集 別巻 1042

2017(平成29)年9月25日　復刻版第1刷発行　7642-8:012-010-005

編　輯　魚住嘉三郎

発行者　今井貴
稲葉文子

発行所　株式会社信山社

〒113-0033 東京都文京区本郷6-2-9-102東大正門前
Ⓣ03(3818)1019　Ⓕ03(3818)0344
来栖支店〒309-1625 茨城県笠間市来栖2345-1
Ⓣ0296-71-0215　Ⓕ0296-72-5410
笠間才木支店〒309-1611 笠間市笠間515-3
Ⓣ0296-71-9081　Ⓕ0296-71-9082

印刷所　ワイズ書籍

製本所　カナメブックス

用　紙　七洋紙業

printed in Japan　分類 323.934 g 1042

ISBN978-4-7972-7642-8 C3332 ¥20000E

日本立法資料全集 別巻

地方自治法研究復刊大系

参照比較 市町村制註釈 完 附 問答理由 第2版〔明治22年6月発行〕／山中兵吉 著述
自治新制 市町村会法要談 全〔明治22年11月発行〕／高嶋正載 著述 田中重策 著述
国税 地方税 市町村税 滞納処分法問答〔明治23年5月発行〕／竹尾高堅 著
日本之法律 府県制郡制正解〔明治23年5月発行〕／宮川大壽 編輯
府県制郡制註釈〔明治23年6月発行〕／田島彦四郎 註釈
日本法典全書 第一編 府県制郡制註釈〔明治23年6月発行〕／坪谷善四郎 著
府県制郡制義解 全〔明治23年6月発行〕／北野竹次郎 編著
市町村役場実用 完〔明治23年7月発行〕／福井淳 編纂
市町村制実務要書 上巻 再版〔明治24年1月発行〕／田中知邦 編纂
市町村制実務要書 下巻 再版〔明治24年3月発行〕／田中知邦 編纂
米国地方制度 全〔明治32年9月発行〕／板垣退助 序 根本正 纂訳
公民必携 市町村制実用 全 増補第3版〔明治25年3月発行〕／進藤彬 著
訂正増補 議制全書 第3版〔明治25年4月発行〕／岩藤良太 編纂
市町村制実務要書続編 全〔明治25年5月発行〕／田中知邦 著
地方學事法規〔明治25年5月発行〕／鶴鳴社 編
増補 町村制執務備考 全〔明治25年10月発行〕／増澤鐵 國吉拓郎 同輯
町村制執務要録 全〔明治25年12月発行〕／鷹巣清二郎 編輯
府県制郡制便覧 明治27年初版〔明治27年3月発行〕／須田健吉 編輯
郡市町村史員 収税実務要書〔明治27年11月発行〕／荻野千之助 編纂
改訂増補鼇頭参照 市町村制講義 第9版〔明治28年5月発行〕／蟻川堅治 講述
改正増補 市町村制実務要書 上巻〔明治29年4月発行〕／田中知邦 編纂
市町村制詳解 附 理由書 改正再版〔明治29年5月発行〕／島村文耕 校閲 福井淳 著述
改正増補 市町村制実務要書 下巻〔明治29年7月発行〕／田中知邦 編纂
府県制 郡制 町村制 新税法 公民之友 完〔明治29年8月発行〕／内田安蔵 五十野讓 著述
市制町村制註釈 附 市制町村制理由 第14版〔明治29年11月発行〕／坪谷善四郎 著
府県制郡制註釈〔明治30年9月発行〕／岸本辰雄 校閲 林信重 註釈
市町村新旧対照一覧〔明治30年9月発行〕／中村芳松 編輯
町村至宝〔明治30年9月発行〕／品川彌二郎 題字 元田肇 序文 桂虎次郎 編纂
市制町村制應用大全 完〔明治31年4月発行〕／島田三郎 序 大西多典 編纂
傍訓註釈 市制町村制 並ニ 理由書〔明治31年12月発行〕／筒井時治 著
改正 府県郡制問答講義〔明治32年4月発行〕／木内英雄 編纂
改正 府県制郡制正文〔明治32年4月発行〕／大塚宇三郎 編纂
府県制郡制〔明治32年4月発行〕／徳田文雄 編輯
郡制府県制 完〔明治32年5月発行〕／魚住嘉三郎 編輯
参照比較 市町村制註釈 附 問答理由 第10版〔明治32年6月発行〕／山中兵吉 著述
改正 府県制郡制註釈 第2版〔明治32年6月発行〕／福井淳 著
府県制郡制釈義 全 第3版〔明治32年7月発行〕／栗本勇之助 森惣之祐 同著
改正 府県制郡制註釈 第3版〔明治32年8月発行〕／福井淳 著
地方制度通 全〔明治32年9月発行〕／上山満之進 著
市町村新旧対照一覧 訂正第五版〔明治32年9月発行〕／中村芳松 編輯
改正 府県制郡制 並 関係法規〔明治32年9月発行〕／鷲見金三郎 編纂
改正 府県制郡制釈義 再版〔明治32年11月発行〕／坪谷善四郎 著
改正 府県制郡制釈義 第3版〔明治34年2月発行〕／坪谷善四郎 著
再版 市町村制例規〔明治34年11月発行〕／野元友三郎 編纂
地方制度実例総覧〔明治34年12月発行〕／南浦西郷侯爵 題字 自治館編集局 編纂
傍訓 市制町村制註釈〔明治35年3月発行〕／福井淳 著
地方自治提要 全〔明治35年5月発行〕／木村時義 校閲 吉武則久 編纂
市制町村制釈義〔明治35年6月発行〕／坪谷善四郎 著
帝国議会 府県会 郡会 市町村会 議員必携 附 関係法規 第一分冊〔明治36年5月発行〕／小原新三 口述
帝国議会 府県会 郡会 市町村会 議員必携 附 関係法規 第二分冊〔明治36年5月発行〕／小原新三 口述
地方制度実例総覧〔明治36年8月発行〕／芳川顯正 題字 山脇玄 序文 金田謙 著
市町村是〔明治36年11月発行〕／野田千太郎 編纂
市制町村制釈義 明治37年第4版〔明治37年6月発行〕／坪谷善四郎 著
府県郡市町村 模範治績 附 耕地整理法 産業組合法 附属法例〔明治39年2月発行〕／荻野千之助 編輯
自治之模範〔明治39年6月発行〕／江木翼 編
実用 北海道郡区町村案内 全 附 里程表 第7版〔明治40年9月発行〕／廣瀬清澄 著述
自治行政例規 全〔明治40年10月発行〕／市町村雑誌社 編著
改正 府県制郡制要義 第4版〔明治40年12月発行〕／美濃部達吉 著
判例挿入 自治法規全集 全〔明治41年6月発行〕／池田繁太郎 著

信山社

日本立法資料全集 別巻

地方自治法研究復刊大系

仏蘭西邑法 和蘭邑法 皇国郡区町村編制法 合巻〔明治11年8月発行〕／箕作麟祥 閲 大井憲太郎 譯／神田孝平 譯
郡区町村編制法 府県会規則 地方税規則 三法綱論〔明治11年9月発行〕／小笠原美治 編輯
郡吏議員必携三新法便覧〔明治12年2月発行〕／太田啓太郎 編輯
郡区町村編制 府県会規則 地方税規則 新法例纂〔明治12年3月発行〕／柳澤武運三 編輯
全国郡区役所位置 郡政必携 全〔明治12年9月発行〕／木村陸一郎 編輯
府県会規則大全 附 裁定録〔明治16年6月発行〕／朝倉達三 閲 若林友之 編輯
区町村会議要覧 全〔明治20年4月発行〕／阪田辨之助 編纂
英国地方制度 及 税法〔明治20年7月発行〕／良保両氏 合著 水野遵 翻訳
英国地方政治論〔明治21年2月発行〕／久米金彌 翻譯
傍訓 市町村制及説明〔明治21年5月発行〕／高木周次 編纂
鼇頭註釈 市町村制俗解 附 理由書 第2版〔明治21年5月発行〕／清水亮三 註解
市制町村制註釈 完 附 市制町村制理由 明治21年初版〔明治21年5月発行〕／山田正賢 著述
市町村制詳解 全 附 市町村制理由〔明治21年5月発行〕／日鼻豊作 著
市制町村制釈義〔明治21年5月発行〕／壁谷可六 上野太一郎 合著
市制町村制詳解 全 附 理由書〔明治21年5月発行〕／杉谷庸 訓點
町村制詳解 附 市制及町村制理由〔明治21年5月発行〕／磯部四郎 校閲 相澤富蔵 編述
傍訓 市制町村制 附 理由〔明治21年5月発行〕／鶴聲社 編
市制町村制正解 附 理由〔明治21年6月発行〕／芳川顯正 序文 片貝正晉 註解
市制町村制釈義 附 理由書〔明治21年6月発行〕／清岡公張 題字 樋山廣業 著述
市制町村制釈義 附 理由 第5版〔明治21年6月発行〕／建野郷三 題字 櫻井一久 著
市町村制註解 完〔明治21年6月発行〕／若林市太郎 編輯
市町村制釈義 全 附 市町村制理由〔明治21年7月発行〕／水越成章 著述
傍訓 市制町村制註解 附 理由書〔明治21年8月発行〕／鯰江貞雄 註解
市制町村制註釈 附 市制町村制理由 3版増訂〔明治21年8月発行〕／坪谷善四郎 著
市制町村制註釈 完 附 市制町村制理由 第2版〔明治21年9月発行〕／山田正賢 著述
傍訓註釈 日本市制町村制 及 理由書 第4版〔明治21年9月発行〕／柳澤武運三 註解
鼇頭参照 市町村制註解 完 附 理由書及参考諸令〔明治21年9月発行〕／別所富貴 著述
市町村制問答詳解 附 理由書〔明治21年 9 月発行〕／福井淳 著
市制町村制註釈 附 市制町村制理由 4版増訂〔明治21年9月発行〕／坪谷善四郎 著
市制町村制 並 理由書 附 直接間接税類別 及 実施手続〔明治21年10月発行〕／高崎修助 著述
市町村制釈義 附 理由書 訂正再版〔明治21年10月発行〕／松木堅葉 訂正 福井淳 釈義
増訂 市制町村制註解 全 附 市制町村制理由挿入 第3版〔明治21年10月発行〕／吉井太 註解
鼇頭註釈 市町村制俗解 附 理由書 増補第5版〔明治21年10月発行〕／清水亮三 註解
市町村制施行取扱心得 上巻・下巻 合冊〔明治21年10月・22年2月発行〕／市岡正一 編纂
市制町村制傍訓 完 附 市制町村制理由 第4版〔明治21年10月発行〕／内山正如 著
鼇頭対照 市町村制解釈 附理由書及参考諸布達〔明治21年10月発行〕／伊藤寿 註釈
市制町村制俗解 明治21年第3版〔明治21年10月発行〕／春陽堂 編
市制町村制詳解 附 理由 第3版〔明治21年11月発行〕／今村長善 著
町村制実用 完〔明治21年11月発行〕／新田貞橘 鶴田嘉内 合著
町村制精解 完 附 理由書 及 問答録〔明治21年11月発行〕／中目孝太郎 磯谷群爾 註釈
市町村制問答詳解 附 理由 全〔明治22年1月発行〕／福井淳 著述
訂正増補 市町村制問答詳解 附 理由 及 追輯〔明治22年1月発行〕／福井淳 著
市町村制質問録〔明治22年1月発行〕／片貝正晉 編述
鼇頭傍訓 市制町村制註釈 及 理由書〔明治21年1月発行〕／山内正利 註釈
傍訓 市町村制 及 説明 第7版〔明治21年11月発行〕／高木周次 編纂
町村制要覧 全〔明治22年1月発行〕／浅井元 校閲 古谷省三郎 編纂
鼇頭 市制町村制 附 理由書〔明治22年1月発行〕／生稲道蔵 略解
鼇頭註釈 町村制 附 理由 全〔明治22年2月発行〕／八乙女盛次 校閲 片野続 編釈
市町村制実解〔明治22年2月発行〕／山田顕義 題字 石黒磐 著
町村制実用 全〔明治22年3月発行〕／小島鋼次郎 岸野武司 河毛三郎 合述
実用詳解 町村制 全〔明治22年3月発行〕／夏目洗蔵 編集
理由挿入 市町村制俗解 第3版増補訂正〔明治22年4月発行〕／上村秀昇 著
町村制市制全書 完〔明治22年4月発行〕／中嶋廣蔵 著
英国市制実見録 全〔明治22年5月発行〕／高橋達 著
実地応用 町村制質疑録〔明治22年5月発行〕／野田籐吉郎 校閲 國吉拓郎 著
実用 町村制市制事務提要〔明治22年5月発行〕／島村文耕 輯解
市町村条例指鍼 完〔明治22年5月発行〕／坪谷善四郎 著
参照比較 市町村制註釈 完 附 問答理由〔明治22年6月発行〕／山中兵吉 著述
市町村議員必携〔明治22年6月発行〕／川瀬周次 田中迪三 合著

信山社